毎日に奇蹟を起こす

魔法の言《こと》霊《だま》

はづき虹映

河出書房新社

はじめに

「アブラカタブラ～」「マハリクマハリタ～」

唱えただけで、好きな魔法が使えて、自分の思い通りに人生を変えていける魔法の「じゅもん」。きっと誰しも一度は憧れたことがあるでしょう。しかし、そうした魔法の「じゅもん」をあなたも毎日、すでに使っているとしたら……。

私たちの言葉には、思い通りの人生を自由に創造（クリエイト）する力がありますｓ。すべての言葉には、絶大なパワーが秘められているのです。

そう！「じゅもん」＝「魔法の言霊《ことだま》」です。私たちはすでに「魔法の言霊」を授かっているのに、残念ながら、そのパワーに気づいている人はごくわずかであり、言葉のパワーを自在に使いこなしている人は、さらにもっと少ないでしょう。

「日本は言霊の幸はう国」と呼ばれているように、世界中の言語の中でも、日本語は最も「じゅもん」に適した言葉であり、すべての言葉に魂が宿っています。中でも、日本語古来の大和言葉は、まさに「言霊」そのもの。その言霊パワーを私たち日本人が使わない手はありません。

それではここで、言葉にパワーが宿る、その仕組みを簡単にご紹介しましょう。人生を創造する「三種の神器」と呼ばれるものがあります。その仕組みをわかりやすくまとめたものが、下図の「現象の樹」のモデルです。

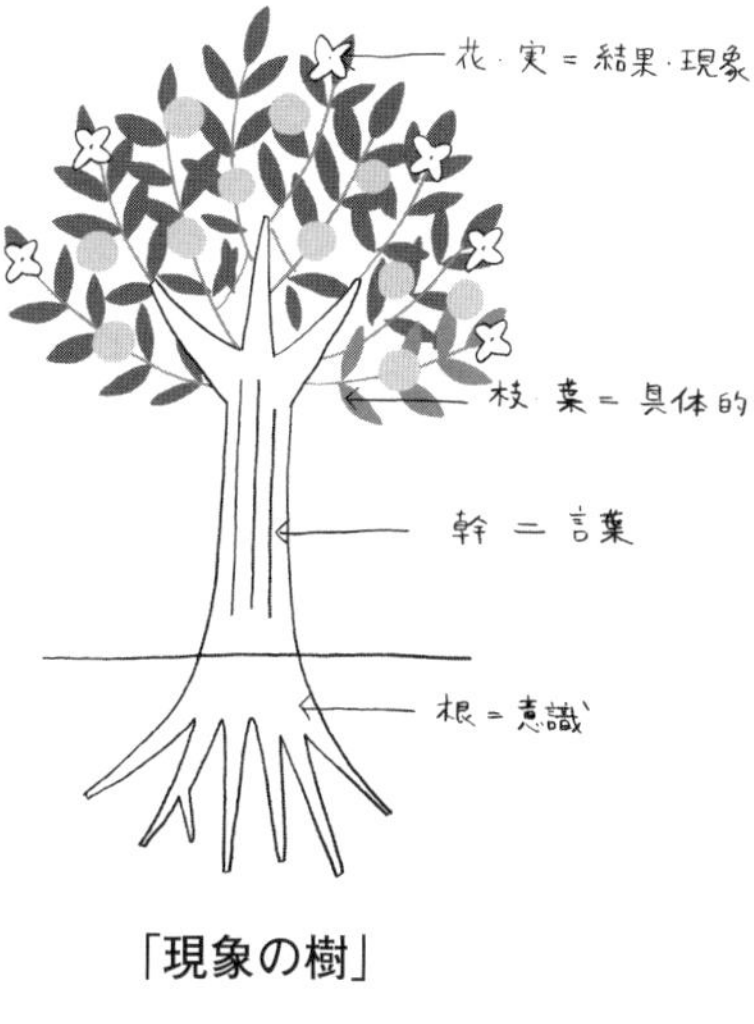

「現象の樹」

まず樹木の「根っこ」に当たるものが、私たちの「意識」です。これは地面の下にあるので、目で見ることはできません。その「根っこ」から大きく伸びて、枝・葉を支えている「太い幹」に当たるのが、「言葉」。その「太い幹」の先にあって、「花や実」という「結果・現象」を支えているのが、「枝・葉」に当たる「具体的な行動」になります。そう、「意識・言葉・行動」の3つが、この世で現実や現象を創造するための「三種の神器」と呼ばれるものです。

この「現象の樹」のモデルに沿って考えてみると、私たちの「意識」こそ、すべての現象のタネであり、「現象の樹」の根っこ。これがなければ、花や実はおろか、枝・葉や幹といった樹そのものも成り立ちません。ですが、この「意識」の部分は地中にあるため、目には見えません。私たちは自分でさえ、自分がどんな「意識」をもっているのかがわかっていないのですから。

それでは「現象の樹」の地上に見えている部分で、最も重要な役割を担っているのは、どこでしょう。そう！　目に見えない「意識の根っこ」と、「現象化した花や実」をつないでいる、「言葉」という名の「幹」なのです。

私たちは自分の発した言葉通りの人生を味わうことになります。これは単なる人生訓や戒《いまし》めではなく、宇宙的事実なのです。

本書では、私たち日本人が普段、使っている日本語を「言霊」の視点から再解釈し、どうすれば、その魔法効果を最大限に引き出せるのかを考えて、まとめてみました。本書を通じて、それぞれの言葉に込められた本当の意味に気づき、自分が普段、使っている言葉を見直すキッカケにしていただければ幸いです。

そして本書の中で気に入った言葉やフレーズがあれば、ぜひ声に出して読んだり、唱えたりしてみてください。それだけで、あなたの口から出るすべての言葉は、宇宙のパワーが宿る「魔法の言霊」へと変化し、自ら放った「魔法の言霊」のチカラによって、思い通りの人生を自由自在に創造（クリエイト）することができるようになるのです。

目次

本書の使い方

本書は、普通の本のように、最初から読み進めていただくのも良いのですが、もうひとつ別の「オラクル・ブック」としての使い方があります。閉じた状態の本を前にして、「今の私にいちばん必要なメッセージをください」と心の中で宣言してから、自分の感覚で、適当なページをパッと開きます。そこに書かれている「ナンバー」「魔法の言霊」「キャッチ」「解説」が、今のあなたにとって、いちばん必要なメッセージだと受け取ってみるのです。すると、そこには「今、悩んでいることに対する解決のヒントやアドバイス」「今日の行動指針のヒント」「直感を刺激し、行動を促すようなメッセージ」が、きっと書かれているハズ。そこに書かれている内容を偶然ととらえず、面白がって日常に取り入れてみることが、あなたの人生が転換するキッカケになるハズ。次ページに「オラクル・ブック」として使う場合のヒントをまとめておきますので、ぜひご活用ください。

解説

このページをひとりで、ゆっくり音読してみましょう。それを録音して聞き返してみるのも、おススメ。今の生活に活かせるヒントが必ずあるハズ。

ナンバー

今日のラッキーナンバーとして意識してみましょう。その数字を見かけたときは、宇宙からのGOサインだと受け取って、積極的な行動を！

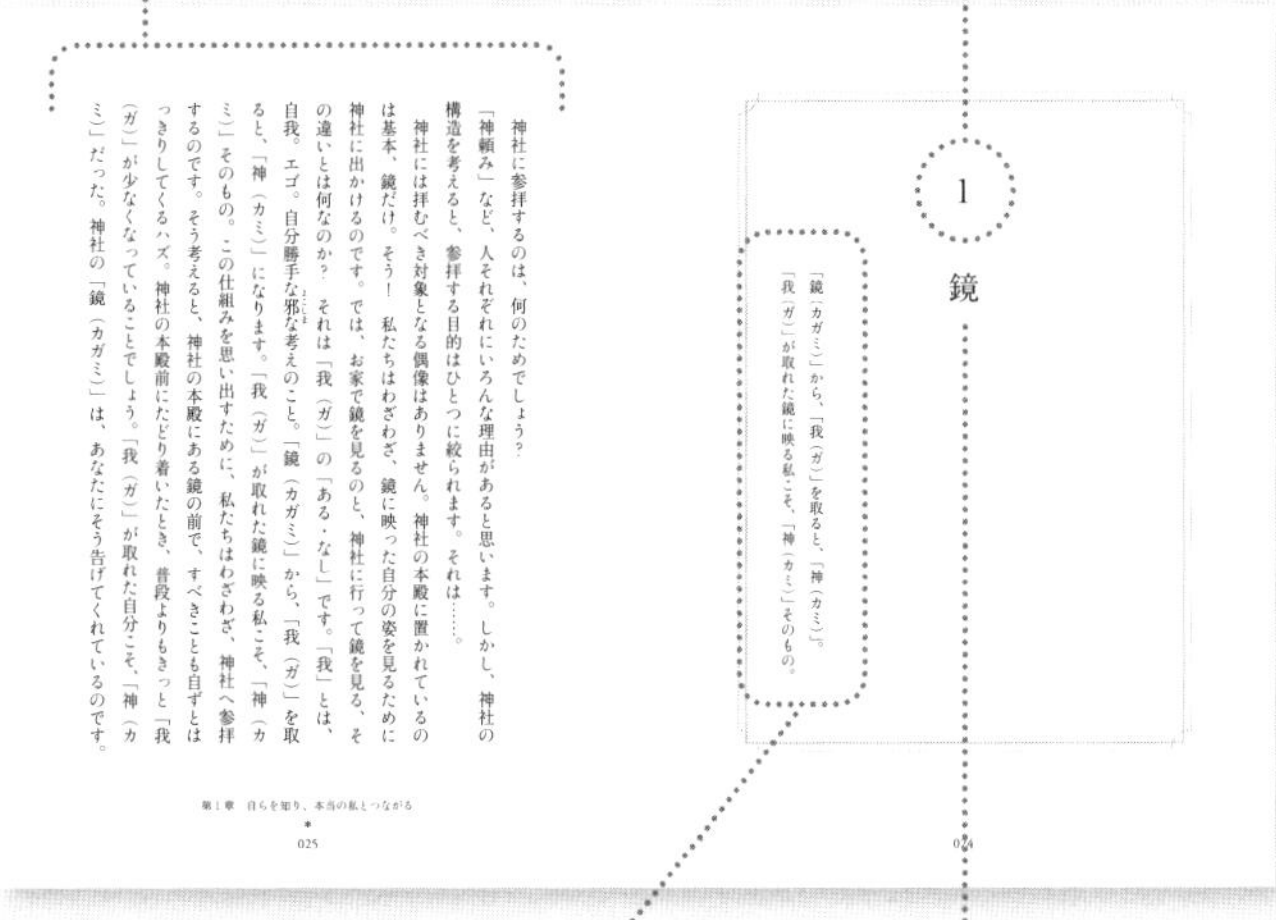

1

鏡

「鏡（カガミ）」から、「我（ガ）」を取ると、「神（カミ）」。

「我（ガ）」が取れた鏡に映る私こそ、「神（カミ）」そのもの。

024

神社に参拝するのは、何のためでしょう？

「神頼み」など、人それぞれにいろんな理由があると思います。しかし、神社の構造を考えると、参拝する目的はひとつに絞られます。それは……。

神社には拝むべき対象となる偶像はありません。神社の本殿に置かれているのは基本、鏡だけ。そう！　私たちはわざわざ、鏡に映った自分の姿を見るために神社に出かけるのです。では、お家で鏡を見るのと、神社に行って鏡を見る、その違いとは何なのか？　それは「我（ガ）」の「ある・なし」です。「我」とは、自我。エゴ。自分勝手な邪《よこしま》な考えのこと。「鏡（カガミ）」から、「我（ガ）」を取ると、「神（カミ）」になります。「我（ガ）」が取れた鏡に映る私こそ、「神（カミ）」そのもの。この仕組みを思い出すために、私たちはわざわざ、神社へ参拝するのです。そう考えると、神社の本殿にある鏡の前で、すべきことも自ずとはっきりしてくるハズ。神社の本殿前にたどり着いたとき、普段よりもきっと「我（ガ）」が少なくなっていることでしょう。「我（ガ）」が取れた自分こそ、「神（カミ）」だった。神社の「鏡（カガミ）」は、あなたにそう告げてくれているのです。

第1章　自らを知り、本当の私とつながる
＊
025

キャッチ

その短い文章をぜひ、声に出して二度繰り返して、読んでみましょう。今のあなたに必要な気づきのサインが、きっと隠れているハズですから。

魔法の言霊

その言霊に宿るパワーを感じてみてください。今のあなたに、必要な気づきを与えるエッセンスが含まれているハズ。言霊自体をメモしておくこと。

序章

日本語は、魂が宿る祈りの言葉

日本が「言霊の幸はう国」と呼ばれる、本当の意味とは？

極東の小さな島国である日本は、縦に長く、森林が多く、豊かな水に恵まれ、四季がはっきり。さらに亜寒帯から亜熱帯まで、世界のほとんどの気候を網羅しており、「世界のひな型」だと言われています。また日本列島の形は、「龍・ドラゴン」そのもの。パワースポットと呼ばれる場所はたくさんありますが、日本列島こそ、世界最大・最高のパワースポットだと言われる所以《ゆえん》です。

さらに日本はよく無宗教の国だと言われますが、それは違います。宗教の概念を超えた「神道」の国なのです。それはコンビニの数より、神社の数のほうがはるかに多いことからも、神道が生活に根差していることがわかります。

日本という国の特徴を際立たせているのが、日本列島、神道……。そして、本書のメインテーマである「日本語」です。ひらがな、カタカナ、漢字と3種類の文字を使い分け、複雑な敬語を使い、口語では主語を省き、あいまいな表現が多いなど、他の国にはないとても珍しい特徴がたくさんある独特の言語です。

中でも「もったいない」や「おかげさま」など、他国の言語に訳せない古来から伝わる大和言葉は、日本語における最大の特徴だと言えます。

日本は「言霊の幸はう国」だと言われます。それは「日本という国は、美しい日本語を使うことで、幸せがさらに咲き誇る国になる」という意味だと、私は解釈しています。そう！　日本語はそれを意識して使っているだけで、その言葉に魂（霊的エネルギー）が宿り、奇蹟を引き寄せ、より豊かに幸せになってしまう、まさに「じゅもん」と呼んでもいいような特別な言語なのです。

私たちは日本に暮らし、身近にある神社に参拝し、神の存在を感じ、普段から日本語を話しているだけで、特別なパワーとエネルギーを神や宇宙から与えられているのです。あとはその恩恵を、私たち日本人がどう意識的に使いこなすかだけ。そのためにも日常的に使っている日本語に対する意識を見直すことが、より大切になってくるのです。

自然の音を左脳で処理して、文字で表現できるのは日本人だけ!?

「アメリカではセミは鳴かない」って、ご存じですか?

もちろん、現実的にアメリカでもセミは鳴いています。私たち日本人がアメリカに行って、セミの鳴き声を聞けば、日本のセミと同じように聞こえるでしょう。

しかし、アメリカ人、英語を母国語としている人たちにとって、セミの鳴き声は、私たち日本人と同じように聞こえているワケではありません。

事実、英語にはセミの鳴き声に相当する言葉はないそうです。

「ミーンミーン」と鳴くミンミンゼミも、「ジージー」と鳴くアブラゼミも、「ツクツクボーシ」と鳴いているツクツクボウシも、英語圏ではみな同じような音。

「鳴き声」ではなく、ある種のノイズとしてしか聞こえていないそうなのです。

「シトシト、バシャバシャ、サラサラ、シンシン、サワサワ、ビュービュー」など、日本人にとっては当たり前の「雨や雪、風の音」。私たちはこれらの文字や言葉を見聞きしただけで、どんなふうに雨が降っているのか、雪が積もりそうかどうか、心地良い風かどうかなどの情報を瞬時に読み取ることが普通にできます。しかし、これらの言葉はどれもみな、英語には存在しない言葉だというのです。

こうした違いが生まれるのは、日本語のもつ独特の言語体系によるものです。日本語は母音言語で、一音一音がはっきりと分かれており、一音ずつで個別の意味を有します。これは世界でも、日本とポリネシアの島国の一部にしかない独特の特徴です。また日本語の発音は低音域を使う言語で、これは自然音と同じ周波数の領域なのだとか。さらに日本人は日本語を左脳で処理するため、耳で聞いたすべての音を文字として表記できるという特徴もあります。ですから、セミの鳴き声も、雨や雪の降る音も、ちゃんと違いが聞き取れて、それを文字として表記できるのは、世界でも類のない日本語の大きな特徴であり、ここにも日本が「言霊の幸はう国」だと言われるヒミツが隠されているのです。

英語は横とつながり、日本語は縦とつながる言葉

今では世界の共通言語となった英語は、文化や習慣の違う民族間での意思疎通、コミュニケーションを図るために生み出された、新しい言葉だと言えます。英語は異なる民族の人々が素早く、対等かつ容易につながることを意図してつくられた言語であり、そのための「横に広がるエネルギー」をもっています。

これに対して日本語は、ひとりひとりが「縦」とつながるための言語だと、私は考えています。「縦」の「上」は、「神」や「宇宙」「創造主」と呼ばれる存在であり、「下」は「大地」「自然」「地球」だと言えるかもしれません。そうした目に見えない存在と「縦につながるエネルギー」をもつ言葉だからこそ、常に目に見えない存在のことを意識して、あえて「私」という主語を控えるなどして、あいまいな表現を多くしているのではないかと思うのです。

音同義」が基本ルールです。たとえば、「は」という言葉。「葉」や「羽」「歯」「刃」「春」「張る」「晴れる」は、どれも「出る、発する」という同じ意味をもつ言葉として分類されます。本書では、この日本語の「同音同義」ルールに基づき、独自の視点で日本語の新たな意味と解釈、その可能性を探ってみました。

日本には古くから「言葉」に「霊（魂・スピリット・エネルギー）」が宿るという「言霊」という考え方が根付いていました。それはいにしえから、一音ずつが独自の意味をもち、すべてが祈り言葉となる日本語、特に大和言葉の成り立ちを日本人が感覚的に理解していたからに他なりません。

言霊という視点でみると、すべての言葉に「霊（魂・スピリット・エネルギー）」が宿っているのですから、言葉をぞんざいに扱うワケにはいきません。どの言葉、どの音も等しく価値があり、それぞれの役割を担っているのです。その辺り、日本語の一音ずつに込められた言葉の意味や特徴について、私が独自の視点で「五十音マトリックス」として、次ページにまとめてみました。自分の名前に託された、一音ずつの意味を読み解くときなどの参考にしていただければ幸いです。

「五十音マトリックス」

な行	た行	さ行	か行	あ行
調和の エネルギー のんびり、一体化、 まとまり、やさしさ	積極的な エネルギー 高い、続く、力強い、 前向き、破裂	細やかな エネルギー 微細、繊細さ、 鋭さ、滑る	強い エネルギー 固い、強い、 金属的 (キン、コン、カン)	すべての音の 原点(母音) 正統、純粋、 ピュア、 おおらかさ
な	た	さ	か	あ
「調和」 仲間、凪ぐ、和やか、 馴れる、並ぶ	「高く顕れ 多く広がる」 田、平ら、高い、 立つ、溜まる、民	「些細、繊細」 ささやか、ささやき、 先、細雪、指す	「幽玄、奥深さ、 疑問」 陰、隠れる、霞、 風、空、神	「最初、解放、 開き広がる」 開(ア)く、明るい、 新た、朝
に	ち	し	き	い
「醸造、一体化」 賑やか、握る、 煮る、似る	「継続 (するもの)」 千、血、 地(ツチ)	「水、統一、静粛」 潮、雫、滴る、占める、 締める、静か	「強烈、厳粛、 激しさ」 きつい、厳しい、 極む、切る	「生命、活動、 強さ」 息、生きる、命、 行く、いきむ
ぬ	つ	す	く	う
「一様(にする)」 主(ヌシ)、沼、塗る、 ヌメヌメ、ヌルヌル	「付着、 つながり続く」 津、着く、続く、詰まる、 積もる、連なる、綱	「先鋭、突出、 占有」 州、進む、澄む、 統べる、鋭い、巣	「結合」 括る、国、組む、 くるむ	「閉鎖、 閉じこもる」 うつむく、埋める、 唸る、うめく
ね	て	せ	け	え
「根元 (にかえる)」 根、寝、練る	「本体からの 伸出」 手、照る、出る	「近接、 寄った所」 瀬、背、競(セ)る、 攻める、迫る	「表面 (に起こること)」 毛、消す、削る、蹴る	「分岐、 分かれての伸長」 兄(エ)、江(エ)、 枝、会、柄
の	と	そ	こ	お
「接続」 乃、之(ノ)、伸びる、 乗る、載る、宣る	「閉止」 戸、閉じる、留まる、 止まる	「(相手に) 寄り従う」 沿う、添う、染まる、 反る、空	「凝固、凝集」 凝る、凍る、混む、 込める	「偉大、重要」 大きい、奥、押す、 重い、表

(参考文献：『運命の波にのる魔法の話し方』はづき虹映著、アスコム)

わ行	ら行	や行	ま行	は行
まとまりの エネルギー 円満、満ち足りる、 充足	加速の エネルギー 変化を促進、 活発な動き、 社交的、アクティブ	変化の エネルギー 柔軟性、変化の波、 ゆるやかさ、 矛盾の要素	やわらかい エネルギー 落ち着き、まとまり、 本質、温和	外に広がる エネルギー 勢い、元気さ、 明るい、笑い、 楽しさ
わ	らりるれろ	や	ま	は
「円満、充足」 和、輪、若い、 湧く、ワクワク 「分析・分割」 解る、分ける、 渡す、割る	「走る」 「変わる」 「サラサラ」 「コロコロ」 など語尾に付いて 活動や変化を表す 「回転する様子、 エネルギー」 らせん、りんご、 らっきょう、ろくろ	「沢山（出雲神話）」 八、八重垣、八雲、 八俣大蛇 「家屋」 屋、家、屋敷、宿る 「破壊」 矢、焼く、破る、病む、槍 「安息」 休む、安らか、止む、 柔らか、ヤレヤレ	「真理、時間・ 空間」 真、誠、正に、的、 丸い、天（アマ）	「発現、出る、 発する」 歯、葉、刃、端、 晴れる、張る
			み	ひ
			「本質、優しさ」 実、身、看る、見る	「氣の力、 エネルギー」 日、火、霊（ヒ）、 光る、秀でる、開く
ゐ		ゆ	む	ふ
「存在」 居る、率る（ヰル）		「ゆったりとした 動き」 ゆっくり、緩やか、 揺れる、ユラユラ、 ユルユル	「内なる発酵・ 増殖」 蒸す、産霊（ムスヒ）、 ムラ（村・群れ）	「振動、 上から下る」 震える、伏す、踏む、 振る、降る、フラフラ
ゑ			め	へ
「緩むさま」 酔う（ヱフ）、 笑む（ヱム）			「可愛らしい もの（への愛）」 女、芽、恵む、愛でる	「辺縁」 辺、隔てる、へさき、 塀、縁（へり）
を		よ	も	ほ
「終了、最後」 尾（ヲ）、収（ヲサ）む、 終（ヲ）う、折（ヲ）る		「移行」 世、代、横、寄る、 ヨチヨチ、ヨロヨロ	「微細な物の 集合」 藻、茂、餅、百、森	「（緩やかな） 出現、秀でる」 穂、火（ホ）、 誉める、ホノボノ
ん				
「止場」 集中するときの 呼吸（止息）、 「ム」の撥音化				

日本語こそ、「魔法の言霊」そのもの

ここまで見てきた通り、日本語は世界的に見ても、非常に特殊な言語です。それだけに、日本語を母国語としている私たち日本人が、日本語の意味や成り立ちを知り、その言葉のチカラを大切に扱い、次世代に伝えていかなければなりません。日本語、特に大和言葉は、宇宙とつながる「祈り言葉」なのです。

私たちが「ありがとうございます」や「おかげさま」「もったいない」「いただきます」などの大和言葉を使っているだけで、宇宙に対する祈りとなるのです。

ぜひ、そんな意識をもって、本書を活用してください。ひとつずつの言葉に込められた本当の意味に気づき、自分が普段、使っている言葉を見直していただきたいと思います。そして本書の中で気に入った言葉があれば、ぜひ声に出して読んだり、唱えたりしてみてください。たった、それだけのことで、あなたの口から出るすべての言葉は、宇宙のパワーが宿る「魔法の言霊」となるのです。

第1章

自らを知り、本当の私とつながる

1

鏡

「鏡（カガミ）」から、「我（ガ）」を取ると、「神（カミ）」。

「我（ガ）」が取れた鏡に映る私こそ、「神（カミ）」そのもの。

神社に参拝するのは、何のためでしょう？
「神頼み」など、人それぞれにいろんな理由があると思います。しかし、神社の構造を考えると、参拝する目的はひとつに絞られます。それは……。

神社には拝むべき対象となる偶像はありません。神社の本殿に置かれているのは基本、鏡だけ。そう！　私たちはわざわざ、鏡に映った自分の姿を見るために神社に出かけるのです。では、お家で鏡を見るのと、神社に行って鏡を見る、その違いとは何なのか？　それは「我（ガ）」の「ある・なし」です。「我」とは、自我。エゴ。自分勝手な邪《よこしま》な考えのこと。「鏡（カガミ）」から、「我（ガ）」を取ると、「神（カミ）」になります。「我（ガ）」が取れた鏡に映る私こそ、「神（カミ）」そのもの。この仕組みを思い出すために、私たちはわざわざ、神社へ参拝するのです。そう考えると、神社の本殿にある鏡の前で、すべきことも自ずとはっきりしてくるハズ。神社の本殿前にたどり着いたとき、普段よりもきっと「我（ガ）」が少なくなっていることでしょう。「我（ガ）」が取れた自分こそ、「神（カミ）」だった。神社の「鏡（カガミ）」は、あなたにそう告げてくれているのです。

2

素直

「素直」とは、「素《もと》と直接、つながる」こと。
自分以外の誰かを経由していては、「素直」にはなれません。

「素直さ」は、人生を輝かせるための大切な資質です。しかし、他人の話を鵜呑《うの》みにしたり、誰かの言いなりになることが、「素直」なのではありません。世間や社会、親や先生、上司や友人などの考え方、テレビやネットの情報を言われるがままに、まるごと採用していても、それを「素直」とは呼べません。

「素直」とは、「素と直《じか》につながる」こと。「素」とは、あなたの命を活かしている「大本」。その「大本」と直接、自分自身でつながることを「素直」と呼ぶのです。では、あなたにとって、その「大本」とはなんでしょう？　命ですか？　ご先祖さま？　自然？　地球？　宇宙？　それとも神？

あなたがフッと感じたものでいいのです。あなたらしい答えを採用してください。それがあなたにとっての「大本」であり、その「大本」とつながった状態を維持することが、あなたにとっての「素直」です。あなたらしさが隠れているとき、それは「大本」と離れている状態。つまり、「素直」ではないのです。

人は人。あなたはあなた。あなたが自らの素（＝大本）と直接つながり、「素直」に生きると決めたとき、あなたらしさが自然に輝き出すのです。

3

自分

「自らを分ける」と書いて、「自分」。

自分のことは、自らを分けてみなければ、わかりません。

「自分」とは、「自らを分ける」と書きます。「自らを分けた」存在が、「自分」だということになりますが、ではこの「自ら」とは一体、誰のことでしょう？

もし「自ら」＝「私」であれば、そもそも「自らを分ける」必要がありません。それをわざわざ「自らを分ける」と書いて、「自分」と表現するのは、「本当の自分」と、「私だと思っている自分」が違うからに他なりません。

「自分」という言葉が表す「自ら」とは、いわゆる顕在意識が認識している「肉体の私」ではなく、もっと深い部分、潜在意識で認識している「魂レベルの私」のこと。つまり「自分」とは、日本語の「分け御霊《みたま》」と呼ばれる言葉と同じ意味をもっているのではないかと考えられます。

私たち人間を創造した「大いなる存在（＝創造主）」は、自らのことをもっと知りたかった。自らをもっと深く知るためには、自らを分けて見るしかありません。だからこそ創造主は、自らの分身である私たち人間（＝分け御霊）という存在を生み出した。創造主から、自らの意志で分かれて生まれてきた「私」。だからこそ、私たちは自らのことを「自分」と呼ぶのではないでしょうか。

4

自信

「自ら言ったことを自分が信じる」。

本当の「自信」は、そこから生まれるのです。

「信じる」という文字は、「人」と「言」で成り立っています。つまり、「信じる」とは、「人の言うこと」を受け入れるか、どうかで決まるのです。

ポイントは、その「人」が誰なのか……です。その「人」が、自分なのか、それとも自分以外の他人なのかで、「自信」の「ある・なし」が決まるのです。「あの人がこう言ったから」「親が、先生が、テレビが、政治家が、世間が、こう言っているから」を採用していて、「自信」が本当につくと思いますか？

本当の「自信」とは、自らの言った言葉を自分が信じることで生まれるもの。自らの言った言葉を信じるためには、自分の言葉に責任をもつこと。自分の言うこととやること、自分の言動を一致させることです。自ら有言実行するからこそ、自分の言葉を信じることができ、「自信」が自然につくようになるのです。

他人からの借り物の言葉を話していても、本当の「自信」が生まれることはありません。自分の内側から湧いてきた思いを自分の言葉で話し、その言葉通りに生きていく。そのとき初めて、あなたは「自信」に溢れた、自分らしい人生を生きることができるようになるのです。

5

すごい

「すごい」とは、「素・濃い」。「素」の状態が、
最も「色濃く」現れるとき、「すごい」ことが起こるのです。

あなたの「素」の状態。つまり、あなたが自然体で、あなたらしく「素」のままで居られるとき。あなたらしさという、あなたの「素」が「色濃く」現れているときを「すごい」と表現するのです。つまり、あなたがあなたらしく、自然体でイキイキ、ワクワク活動しているとき、「すごい」ことが起こるのです。

いいえ！　何か特別な「すごい」ことが起きなくても、あなたがあなたらしく居るだけで、それはまぎれもなく「すごい」ことなのです。逆に、あなたが「素」の状態を隠して、「薄めて」しまうと、どんなにがんばっても、「素（が）濃く」はならない……。つまり、「すごい」ことは決して起こらないのです。

この仕組みがわかれば、「すごい」ことを起こすのはカンタンです。「すごい」ことは特別なことでも、めったに起こらないことでもありません。あなたが、ただあなたらしく、自らの「素」の状態を、自信をもって「色・濃く＝強く、はっきり」表現するだけ。それだけで、あなたは間違いなく、「すごい」人になれるのです。あなたが「すごい（＝素・濃い）」人になってしまえば、あなたがやること、周りで起こること、つながる人も、すべて「すごい」ことになるのです。

6

私

「わたし」は、「渡し」。「わたし」は「和・足し」。

身体、心、魂の三つを携え、形になったのが、「わたし」。

なぜ、私たちは自分のことを「私（わたし）」と呼ぶのでしょうか？

「わたし」は「渡し」です。あの世とこの世、目に見えない世界と目に見える世界の橋渡しをする存在（＝「渡し船」）のことを、「わたし」と呼んでいるのです。

「わたし」は、「和・足し」です。「わたし」は、「わたし」以外の誰か違う人、第三者の存在があって、初めて「わたし」になるのです。自分以外の人間との「和」を「足す・加える」ことで、人は初めて「わたし」となるのです。

「形」という文字を分解すると、「鳥居（开）」と「三つの羽根（彡）」に分かれます。鳥居とは、あの世とこの世の境を表すゲート。そこから三つの羽根が飛び出している様子を表したのが、「形」という文字になったのだとか。

この世とあの世を分けるゲート（＝鳥居）から、飛び出した三つの羽根とは、身体、心、魂の三つ。つまりあの世から、身体、心、魂の三つを携えて「形」になって生まれてきたのが、「わたし」という存在です。ただし、「形」となった「わたし」が、「本当のわたし」ではありません。「本当のわたし」は、「わたし」という船に乗っているほう。この仕組みに気づくことを人は悟りと呼ぶのです。

7

我慢

「我慢」とは、「我（われ）の慢心」。

「我慢」するのは、どこかで「我が慢心」しているからです。

「足るを知る」ことと、「我慢」することは、似て非なるものです。「足るを知る」心は、常に自分は満たされていると知っていることであり、「我慢」する心は、あるがままの今の自分を認めていないことに他なりません。現状に不満があり、自分が満たされていないのは周りのセイだと勘違いしているのです。

自分の価値を必要以上に高く見積もっている場合は、「傲慢《ごうまん》」と呼ばれ、自分の価値を不当に低く見積もっている場合は、「卑屈《ひくつ》」「卑下慢《ひげまん》」と呼ばれます。どちらも自我・エゴが、「こんなモンじゃない！」と慢心しているので、不平不満や文句、愚痴が多くなり、被害者意識や特別意識が高まることになるのです。

自らの欲望を「我慢」せず、欲しいものは、欲しいと認めることから始めましょう。自分の欲求や願望を素直に認めて、自分が大したものではないことをはっきり自覚するのです。「大したものではない自分」「わがままな自分」を受け入れられると、「慢心」することもなくなります。「慢心」しなければ、自分を必要以上に高く見積もったり、低く見積もったりして、「我慢」する必要もなくなります。

あなたは今のまま、そのまま、このまま、あるがままで常に完璧なのです。

8

こだわり

「こだわる」とは、「強張（こわば）る」こと。
自我を強く主張し過ぎる「こだわり」は、
独りよがりになるだけ。

こだわりのラーメン屋と聞くと、なんだかそれだけで美味しそうな気がしませんか？　自分なりの「こだわり」を貫くことで、その人なりの独創性やオリジナリティが磨かれ、個性が際立つなど、確かにメリットはありそう。しかし、その一方で「こだわり」が強過ぎると、自己主張が強くなり、独りよがりになって、孤立してしまうなどのデメリットがあることも、忘れてはいけません。

「こだわる」の語源は、「強張（こわば）る」という説も。「強張る」とは読んで字のごとく、「強く張る」ということ。「オレが、私が……」と自我を強く主張することを「強張る」＝「こだわる」というのです。人は誰でも自分の正しさをもって生きています。それはある意味、その人の個性であり、アイデンティティでもありますが、それを強く主張し過ぎるから、「こだわり」になるのです。

「こうすべき」「これが絶対、正しい」と、何事もこだわり過ぎると生き辛くなります。自己主張が強くなると、考え方が固くなります。「固くな（る）」＝「頑な」です。「頑な」＝「頑固」です。「こだわり」の頑固親父がつくるラーメンはスープも麺も、考え方も「強張って」「固くな」り過ぎないよう、要注意です。

9

誠実

「誠実」とは、「言ったことが現実に成る」という意味。
相手に求めるものではなく、自らが成すべきこと。

「誠実さ」は、女性が結婚相手に求める条件のトップ3に入ると言われています。「ウソをつかない」「隠し事がない」「浮気をしない」というような人のことを、一般的に「誠実」と呼ぶようですが、真の意味は少し違うところにあるよう。「誠実」という文字を分解すると、「言ったこと」が「現実に成る」と読み解けます。「ウソをつかない」とか、「隠し事がない」とか、そういうことではありません。「誠実」という言葉は、もっとシンプルに「自分の言ったこと、放った言葉が、そのまま現実に成りますよ」という宇宙の仕組みを教えてくれているのです。

これは「ウソをついたら、ウソが本当になりますよ」「他人に隠し事をしているつもりでも、自分にウソはつけませんよ」という宇宙を貫く原理原則・法則です。

「誠実さ」は他人に求めるものではありません。相手に「浮気をしてはダメよ」と言ってしまうのは、自分に対する自信の無さが原因です。「浮気はダメ」と言っている時点で、すでに浮気することを想定しているのですから、放った言葉が現実となり、相手に浮気をされてしまうことになるのです。あなたは自分の言葉に責任をもち、自らの言動に「誠実」に生きていれば、それで良いのです。

Column

子どもと呼べるのは、「つ」のつく年まで

本書のコラムでは、私がまとめた「はづき数秘術」の智慧《ちえ》を活かして、「数字」を文字として読み解くためのヒントをご紹介します。たとえば、日本での数の数え方は「イチ、ニ、サン」「ひい、ふう、みい」「ひとつ、ふたつ、みっつ」と複数ありますが、そこで覚えておいて欲しいのが、子どもと呼べるのは、「つ」のつく年までという説。「ひとつ、ふたつ」から始まり、「やっつ、ここのつ」までのひと桁の年までが、子ども。「とう（十）」になると、もう子どもは卒業して、大人の階段を上り始めると見なします。この「つ」という言葉は、「付く」という意味があり、「つ」がつく年までは、「大人にくっついている人」という意味を表します。今と昔を一概に比較できませんが、年齢が2桁に達するということは、確かに次のステージが始まるサイン。にもかかわらず、いつまでも子ども扱いするのは、失礼なのかもしれません。

第2章

目に見えないものを敬ってこそ、あなたは輝き始める

10

ありがとうございます

これは「在り得ないような奇蹟が今ここに存在し、ますます増していきます」という意味の「祈り言葉」です。

「ありがとう」は、「感謝」の言葉ではありません。「ありがとう」は、「在り難し」。「在り得ない！」「マジか！」「奇蹟だ！」という意を表す感嘆詞であり、英語の「OH! MY GOD!」に近い意味。「感謝」とは「感じて謝る」こと。「申し訳ない」「恐れ入ります」など、相手に対する敬意と労い、「ありがとう」と「ごめんなさい」の両方の意味が含まれているのです。

さらに「ありがとう」と「ありがとうございます」も、また意味合いが異なります。奇蹟的な現象や場面に触れたとき、奇蹟を見つけたときに、最初に思わず口をついて出る言葉が、「ありがとう（在り難し）」という感嘆詞。「在り難う御座居増す」は、その次に来る言葉。奇蹟を起こしてくれた原因である、目には見えない何者かを感知し、自分自身も、周りの人々も、生きとし生けるものすべてに対する敬意と畏怖《いふ》の念を合わせた、深遠な祈り言葉に他なりません。「ありがとうございます」と、ただ口にするだけで、在り難い奇蹟が引き寄せられ、ますます増える「魔法の言霊」。同じ「ありがとう」でも、この意味を理解して言うかどうかで、あなたの人生は大きく変わってくるでしょう。

11 叶う

「吐く」という文字から、「－（マイナス）」がなくなったとき、
言ったことが「叶う」のです。

一説によると、私たちの思考の約8割は、ネガティブなもので占められているとか。確かに人が寄れば、誰かの悪口になると言われますし、無意識の内に「ダメ。イヤ。できない。ムリ。おかしい。つかれた。しんどい。つまらない。でも。だって」など、ついネガティブな言葉が出るもの。日々、愚痴や不平不満などを口にして、ポジティブな結果を期待するのは虫が良過ぎると言えるでしょう。

「吐く」という文字を分解すると、口と「＋（プラス）」と「－（マイナス）」に分けられます。人間ですから、ポジティブな言葉も、ネガティブな言葉も「吐いて」いるでしょう。どうしてもネガティブに偏《かたよ》りがちな思考や言葉をいかにプラス側、ポジティブ側にもっていけるかが、夢が叶うかどうかの分かれ道。

「吐く」という文字から、「－（マイナス）」だけを取ってみてください。残るのは、「叶う」という文字。口から出る言葉の中から、「－（マイナス）」の言葉を取り除き、「＋（プラス）」の言葉だけにすると、考えていること、言ったことが勝手に「叶う」。夢がスルッと「叶って」しまうのです。

まさにこれぞ、漢字が教えてくれる夢の叶え方。宇宙の真理、そのものです。

12

祈り

「祈り」は、「意宜《いの》り」。今の「願い」は、「根我意《ねがい》」。

神前ですべきは、「願い」ではなく、「祈り」です。

「祈り」は、「意宜り」です。自らの意図……、心の奥底に抱えている強い意志を「宜《の》る」。外に向かって、宣言することが、「祈り」の本質です。

これに対して「願い」の本来の語源は、「労い」だとか。自分という存在を成り立たせてくださっている目に見えるもの、見えないものすべてに労いの気持ちで接し、「ありがとう」や「おかげさま」「ご苦労さま」など、労いの言葉をかけることが、本来の「願い」なのですが、それが今は残念ながら、思いの根っこに自我の意識が張り出す「根我意」＝「願い」になってしまっているのです。

「祈り」にも、その根底には自らの意図や意志が横たわっています。しかし「祈り」のほうは、その意図を外に向かって、高らかに宣言することで、有言実行の決意を表明しているのです。それに対して「願い」＝「根我意」は、自分の都合で周りを動かし、自らは動かず、棚ぼたのラッキーを期待する怠惰《たいだ》な心が潜んでいます。だからこそ、「祈り」は天に届いても、「願い」は天に届きません。

神社の神前ですべきは、「願い」ではなく、「祈り」です。天に向かって、お願いするのではなく、自らの意図を高らかに宣言する。それが「祈り」の作法です。

13

おかげさま

「おかげさま、おかげさま」。すべては陰に隠れている、目に見えない何者かの仕業です。

「おかげさま」は、他の言語に訳せない日本語独特の表現です。誰が誰のお陰で、そうなったのか、因果関係がはっきりしないのに、「おかげさまです」と自然に口にする日本人は、外国人からは理解不能に見えるかもしれません。

しかし物質世界とは別に、目に見えない世界が存在するという視点に立ってみれば、「おかげさま」という言葉が出るのは、至極当然だと言えるでしょう。

「おかげさま」とは、「目に見える世界は、目に見えない世界のお陰で成り立っている」という考えの産物に他なりません。この現実世界が成り立っているのは、目には見えず陰に隠れてはいるけれど、すべて目に見えない何者かの仕業であるという宇宙の真理を、「おかげさま」という言葉は教えてくれているのです。

目に見える世界の裏には、目には見えないけれど、常に陰なる存在が居る。その陰なる存在に対して、「お」と「さま」をつけて、最大限の敬意を払って、敬っているのが「おかげさま」という言葉。いつもどんなときでも、陰なる存在を意識して、その存在に対して敬意を払い、感謝している人に対して、陰なる存在が放っておくハズがないのです。すべては、「おかげさま」のお陰です。

14

悟り

「悟り」とは、「差・取り」。いつでも、誰に対しても差がなくなることが、「悟り」の本質です。

「悟り」と言うと、何か選ばれし特別な者だけが到達できる境地のように思われているかもしれませんが、そんなことはありません。特別な人になってしまっては、むしろ悟れません。それは真の「悟り」ではなく、「差・付け」であり、「差別」なってしまうので、要注意です。

「悟り」とは、「差・取り」です。いつでも、どんなときでも、誰に対しても差がなくなること。私とあなたの「差がなくなる」。つまり、私とあなたが「ひとつになる」「ひとつにつながっている」と思い出すことこそ、「悟り」の本質です。

私たちは元々、みんな誰もが、つながっているのです。私の喜びはあなたの喜びであり、あなたの悲しみは私の悲しみでもあるのです。あなたにすることは、全部私自身にしていることと同じです。これは理想論やファンタジーではなく、宇宙的事実なのです。その宇宙的事実に気づくことを「悟り」と呼びます。

ですから、「悟り」を特別扱いする必要なんて、ないのです。いつも、いつでも、どんなときも、誰に対しても同じように接すること。差別も、区別も、特別もなく、いつも同じ……。それが「悟った人」のシンプルな生き方です。

15

神

「示す」ヘンに「申す」と書いて「神」。「火（カ）」と「水（ミ）」で「神」。「神」はあらゆるところに遍在する。

「神」という漢字は、「示す」ヘンに「申す」と書きます。つまり、言葉で示すことができるのが、「神」だということ。これは新約聖書の有名な一節「はじめに言葉あり、言葉は神とともにあり、言葉は神なり」と同じことだと言えるでしょう。「言葉」と「神」は同時に生まれたものであり、「言葉」＝「神」なのです。言葉を使うことで、そこに「神」が生み出される。言葉こそ、「神」そのもの。ゆえに、あなたの言葉によって、あなたの「神」がこの世に創造されるのです。言葉を使うことで、あなたは毎瞬、「神」を創造しているのです。

「神」はまた、「火（カ）・水（ミ）」と表されます。熱く燃え上がる「火」と、冷たく流れていく「水」。その両極の存在に人々は畏敬《いけい》の念をもち、そこに「神」を見たのです。「火と水」「太陽と月」「光と闇」「生と死」「男と女」「私と他人」。そうした際立った両極があるからこそ、その二極を司る「神」の存在に気づくことができるのです。あなたの中に「神」は居ます。同時に、あなたの外にも「神」は存在しています。歓喜の瞬間にも、悲嘆に暮れているときも、そこに「神」は居るのです。なぜなら、言葉を操るあなた自身が「神」そのものなのだから。

16

めんどくさい

こまめに感謝したり、謝ったりしていれば、
決して「めんどくさい」ことにはなりません。

「めんど（面倒）くさい」とは、「面を倒すのが嫌だ」という意味。「面倒」とはその昔、子どもが人から何かもらったときに、両手を上げて額を下げて、「メッタイ」「メデタイ」と感謝の意を表した姿から派生したという説があります。

その様子を見た大人が「恥ずかしい」「きまりが悪い」となったため、「面倒」をするのは「イヤだ」「煩《わずら》わしい」という意味で、「めんどくさい」という言葉ができたとか。つまり「めんどくさい」とは、喜びや感謝の気持ちを素直に表すのが、なんとなく気恥ずかしいという複雑な心理を表す言葉だと言えるでしょう。

そう！　私たちが日常の中で、こまめに「面（＝ツラ・顔・頭）」を「倒し（＝下げ）」て、感謝したり謝っていれば、「めんどくさい」ことにはなりません。そこで変なプライドにこだわって、拗《す》ねたり、ひがんだり、ひねくれて、素直に「面を倒す」ことをしないから、「めんどくさい」ことになるのです。

あなたが「めんどくさい」と思うとき、そこに必ず気づきの神が隠れています。その一見、「めんどくさい」ことをめんどくさがらずに感謝してやり遂げれば、そこには神からのご褒美が、必ず用意されているのです。

17

はい

「はい」は、「拝」。「はい」という返事ひとつで、
あなたは相手やその命、神をも拝むことになるのです。

あなたの名前は、あなたのためにあるのではありません。あなたの名前は、誰かに呼ばれるためにあるのです。自分の名前をたくさん呼ばれるということは、人を通じて、神や宇宙があなたを必要としているということなのです。

ですから、人から呼ばれたときは、いつでも「はい！」と応じましょう。どんなときでも、返事は「はい（＝拝）」、一択です。

「はい」という返事ひとつで、あなたは呼ばれた相手を、その相手を活かしている命を、その命を育んでいる自然やご先祖さま、目に見えない神や宇宙までもを拝み、敬意を表すことになるのです。ニッコリ笑って、元気よく「はい」と応じる。それだけでその場に光が差し込み、あなたの内なる光も輝き始めます。「はい」はたった2文字で、ツキを引き寄せられる最も短い開運言葉です。

反対に、「でも」や「だって」で応えると、途端にその場が暗くなり、会話は途切れ、相手とのつながりも絶たれて、争いの心が芽生えてくるので要注意です。「はい」も、「イエス」も、肯定の言葉……。言語は違えど、肯定の言葉はどちらもやはり、神と共にあるのです。

18

身体

「身体」に「御（ご）」をつけると「御神体」。

あなたの身体こそ、神が宿る依《よ》り代《しろ》、「ごしんたい」です。

あなたの身体は24時間、365日、生まれてから亡くなるまで。1日、1分、1秒たりとも休まずに、あなたのために働いてくれています。自分の身体に感謝し、大切に扱うことは、神に感謝し、神を敬い、大切に扱うことと同じです。

身体に「御（ご）」をつけると、「御身体（＝御神体）」になります。「御神体（ごしんたい）」とは、神道において神が宿るとされる物体（＝依り代）であり、礼拝の対象となる神聖なモノを指します。そう！　あなたにとって、あなたの「御身体（おからだ）」こそ、「御神体」そのものです。あなたの身体がなければ、あなたという神が、この世に降りてこられないのです。身体はあなたという神が、この世に降臨するための容《い》れ物であり、目印、依り代です。「御身体（おからだ）」という名の「御神体（ごしんたい）」の中に宿っている本体が、あなたという名の神なのです。あなたという神が、この世で活動するための、大切な容れ物、乗り物、着ぐるみが、身体です。

自分の身体に感謝し、大切に扱うことで、「御神体（ごしんたい）」の中に宿る、あなたという神が目覚め、神本来の光が、さらに輝き始めることになるのです。

Column

「13」は最強パワーの王様、支配者を表す数

その昔、全世界を震撼《しんかん》させたホラー映画「13日の金曜日」。西洋では「13」は不吉な数として、忌み嫌われているということが、この映画で全世界に印象づけられました。

しかし、「13」は決して不吉な数字ではありません。むしろ、その逆。最強のパワーをもつ王様や強大な支配者を表す数字なのです。なぜなら、トランプのキングは「13」ですよね。「13」という数字をそのままストレートに表示せず、キングのKとしてカモフラージュしているところが、実に怪しい（笑）。他にも非公式で世界を動かす最高決議機関のメンバーは13人で構成されているのだとか。今はまだ陰謀論の域を出ませんが、「13」が不吉な数となったのは、「13」という数字のパワーを我々庶民に使わせないための支配者層からのネガティブキャンペーンだったという説も。もちろん、信じるか信じないかは、あなた次第です。

第3章

意識ひとつで、人生は大きく変わる

19

正しさ

「一」の前で「止まる」と書いて、「正しい」。

正解がひとつしかないという思い込みこそ、争いの原因。

人はみな、自分の「正しさ」をもっています。全員が全員、「私が正しい」と思って、生きています。ひとりずつ全員、違う「正しさ」をもっているのに、その「正しさ」を他人に当てはめようとするから、争いが起こるのです。すべての争いは、ひとりひとりの「正しさ」がぶつかることで生み出されているのです。

しかし、真実に至る道は、その「正しさ」を疑ってみることから始まります。「正しい」という文字は、「一」の手前で「止まる」と書きます。これが「正しさ」の正体です。「ひとつの答え、正解」の前で止まってしまうのは、思考停止です。「これが正しい」「これが絶対」「これはこうすべき」。それらは本当に「正しい」のでしょうか？　そもそもその「正しさ」は、あなたの幸せに貢献してくれていますか？　その「正しさ」によって、あなた自身はより自由に、より豊かに、より幸せになっているでしょうか？　ぜひ、自問自答してみてください。

宇宙には「絶対」とか、「ねばならない」など、何ひとつありません。「正しさ」とは、あなたの自我が生み出した幻想に他なりません。この世に絶対的な「正しさ」などないと気づくこと。それが幸せに生きる、シンプルなコツです。

20

話す

「話す」は、「離す・放す」。「話す」のは、宇宙に向かって思いを放つこと。話せば、どんな思いも手放せます。

「話す」ことは、「放つ」ことです。「話す」ことで、あなたは話す相手に思いという名のエネルギーを放っているのです。と同時に、相手に放ったエネルギーと同じものを宇宙に対して……、そして自分自身に対しても放っているのです。

自分が放ったエネルギーは、ブーメランのように必ず自分に戻ってくる。それが宇宙の法則です。なので、どんな相手であっても、どんな思いで、何を「話す」のかによって、あなたの未来はほぼ確定してしまうと言ってもいいでしょう。

「話す」ことは、「離す」＝「リリースする」こと。自らの中に溜めていた感情エネルギーは「話す」ことによって、「離す・リリースする」ことができるのです。

ネガティブな感情のエネルギーを内側に溜め込んでいると、自分自身が内側から蝕《むしば》まれます。それを解消する行為が、「話す」こと。そのとき、聞き手を責めたり、裁いたりせず、「私」を主語にして、自らの感情を素直に伝えるよう、心がけましょう。さらにネガティブな感情エネルギーを手放すお手伝いをしてくれた聞き手に対しては、感謝することも忘れずに。気持ちを溜め込まず、素直に話せば、それだけでネガティブなエネルギーはキチンと昇華されていくのです。

21

思い

「思い」は、「重り」。ポジティブでも、ネガティブでも、
やっぱり「思いは重い」のです。

実は「思い」に良いも、悪いもありません。「良い思い出」も、「悪い思い出」もないのです。あるのは「昇華した思い」と「沈殿した思い」の違い。でも実際は、「昇華した思い」は雲のように消えてなくなってしまうので、結局残るのは、「沈殿した思い」のほうだけ。つまり今、あなたの中に残っている「思い」は、それが「良い・悪い」「ポジ・ネガ」にかかわらず、やっぱり「重い」のです。

喜びが爆発するような、嬉しかった思いはその瞬間、昇華してしまうので、二度と同じ喜びを味わうことはできませんし、あとにも残りません。それがポジティブであれ、ネガティブなものであれ、今もあなたの中に残っている「思い」は、そのときの感情を100%完全に、味わい切っていないという証拠なのです。

「思いは重い」。「思い」にも、ちゃんと質量があります。未完了の「思い」は、まるで「重り」のように、あなたの心の奥底に沈殿します。たくさんの「思い」を抱えていると、どうしても心が「重く」なり、結局、身体も「重く」なるだけ。自らの「思い」をしっかり感じ切り、「思い」の「重り」を「思い」切って手放せば、あなたはもっと明るく軽く生きていけるようになるのです。

22

明るい

「あっ、軽い」と思えたら、「明るく」なれます。
「明るく」なるほど、「軽く」「ライト」になれるのです。

明るくなるほど、「軽く＝Light」なります。「明るさ」も、「軽さ」も、「光」も、同じ「Light」です。「明るく」「軽く」なるほど、「ライト＝Light」になる。あなたが「あっ、軽い！」と思えたら、それが私たちの本質である、明るく軽い「光＝Light」に近づいたという証《あかし》です。一方、暗いものは、重くなります。暗くて重いものは、陰であり、闇になります。しかし、陰や闇が悪いワケではありません。

肉体をもっている限り、どこから光を照らそうとも、陰や闇は必ずできるもの。自分の中にある陰や闇を隠そうとしたり、なくそうとがんばればがんばるほど、逆に陰や闇が凝り固まって、さらに暗くて重くなるので、要注意です。

真の「明るさ」とは、「日」と「月」の統合です。昼間の太陽の「明るさ」と、夜の月の「明るさ」の、二つを認めて受け入れて、光と闇、太陽と月を統合する。

自らの中にある「光＝Light」に気づき、光と闇を統合するとき、私たちの周りから陰や闇が消え、本来の「光＝Light」が自らの内側から輝き始めるのです。

内側から光を放てば、自分の外に陰はなくなります。そのとき、私たちは本当に「明るく、軽く、光輝く」ライト（Light）な存在になれるのです。

23

きれい

「きれい」は「気・零」。「きたない」は「気立（た）ない」。

「美しい」は「映し出す」。「醜い」は「見えにくい」。

「きれい」とか、「きたない」とか、人は外側に見えている美醜の問題だと思っていますが、それは違います。「きれい」とは、「気・零」。気の状態がプラス・マイナス0で、クリアな状態に整っていること。「きたない」とは、「気・立（た）ない」。そのモノが本来、もっている気のエネルギーが「立っていない」。つまり外側に発することができていない状態のことを「きたない」と言うのです。

同様に「美しい」とは、「映し出す」こと。「醜い」とは、「見えにくい」こと。これもそのモノや場所、人が本来、内側に抱えてもっているエネルギーが、ちゃんと外に映し出されているのか。それとも外側から見えにくくなって、隠れてしまっているのかの違いを言い表している言葉に他なりません。

「きれい」と「きたない」。「美しい」と「醜い」。その違いをつくっているのは、あくまで内側、内面の状態です。外側をどれだけ飾ってみても、内側の輝き、内なるエネルギーは誤魔化せません。相手の内なる輝きを見極めるためには、あなた自身の内側を整えること。自らの内側を「きれい＝気・零」で、「美しい＝映し出す」状態に保つことが、結局相手の美しさを引き出すことにもなるのです。

24

大変

「大変」とは、「大きく変わる」ということ。
何も悪いことではありません。

今は、「大変」な時代です。世間は「大変だ！」と騒いでいるようですが、「大変」とは、「大きく変わる」ということ。それは何も、悪いことではありません。

宇宙で唯一の不変の法則。それは「すべてのものは移り変わる。変化しないものなど、何もない」というもの。つまり、「変わること」だけが、宇宙的に唯一確かなことなのです。その確かなことが起きているだけなのに、「大変だ」と騒ぐほうが、「大きく変わっている」＝「大変なこと」だと言えるかもしれません。

人は安定を求め、変化を遠ざけようとします。安定は慣れ親しんだものなので、安心です。変化は未知なものなので、不安になるのです。しかし、「安定」＝「不自由」です。「変化」＝「自由」です。自由と不自由、どちらを選ぶか？という問いと、変化と安定、どちらを選ぶのかは、同じ問いだと知ることです。

宇宙は常に変化しています。大きく変わる「大変」なときは、宇宙がダイナミックに動いている証拠です。そこで変化の波に逆らい、不自由な安定を求めていては、宇宙の大きな流れに乗ることはできません。宇宙の「大きな変化」＝「大変」の流れに乗ることで、あなたの人生は大きく自由に変化するのです。

25

癒《いや》し

「癒してあげる」「癒してもらう」。

残念ながら、それではどちらも「卑《いや》しく」なるだけ。

本当の意味で、誰かが、他の誰かを「癒す」ことはできません。「癒し」とは、自分自身で起こすもの。残念ながら、「癒してあげる」こともできなければ、「癒してもらう」こともできません。あげたり、もらったり……。そういう意識で、「癒し」を扱うと、互いに「卑しく」なるだけなので、要注意です。

本来の「癒し」とは、「気づき」に他なりません。真の「癒し」とは、目に見えない世界の本質に気づくこと。すべての現象の原因は、自らの内側にあり、自らが起こしているのだと気づくことにこそ、「癒し」の本質があるのです。

あなた以外の人が、あなたを「癒す」ことはできません。心の不調を整えるのも、病気を改善するのも、あなたが自分で自分を「癒す」のです。それをお医者さんまかせ、ヒーラーさんまかせで、「癒してもらおう」と丸投げするから、途端に「卑しく」なるのです。長い人生、「癒し」が欲しくなるときもあるでしょう。

そんなときこそ、自分で自分を「癒す」と意識しましょう。今の自分に「癒し」が必要だと思ったら、まずは自分の身体に、気になる箇所に、自分の手を静かに当ててみる。「手当て」こそ、「癒し」の基本、原点なのですから。

26

心配

「心配」とは、まだ見ぬ未来に心を配ること。
未来を神に委ねて拝めば、「心配」は「神拝」に変わります。

過去に心がとらわれると「後悔」に、未来に心を配ると「心配」になります。「心配」とは文字通り、まだ見ぬ未来に心を配ってしまうこと。すると「心ここにあらず」の状態に陥《おちい》り、「今」が疎《おろそ》かになり、結果的に「心配」していた通りの不都合な未来を自ら引き寄せることになるのです。

人として生きている限り、過去や未来を一切、気にせず生きることは難しいかもしれませんが、少なくとも意識の大部分は「今ここ」に置いておきたいもの。

実際に生きている時空は、「今ここ」しかありません。「今ここ」を意識するためには、目の前のことに集中することです。結果を気にせず、今、目の前にあることに全集中したとき、未来へ配る心はなくなり、「心配」は消えていくのです。

一寸先でも、どうなるかなんて誰にもわかりません。そんなことに心を配る＝「心配」するより、不確かな未来のことは、神に委ねて、「おまかせします」と、天（＝空、宇宙）を拝むのです。そのとき、未来を憂《うれ》えていた「心配」は、「神を拝む＝神拝」へと変わります。未来のことは神にお任せして、あなたは今ここで、あなたにできることを全力でやれば、それでいいのです。

27

恥ずかしい

「恥ずかしく」なるのは、内なる「心」の声が、
あなたの「耳」に届いている証拠です。

「恥」という文字を分解すると、「耳」と「心」になります。私たちはどうして、自分の「心」の声を「耳」で聴くことを「恥ずかしい」と感じるのでしょうか？「恥ずかしい」と思うのは、それは自分の心で思っていることと、実際にやっていること、話していることが違うと知っているからです。「恥」とは、生まれてから身につける後天的な感情です。赤ちゃんに「恥ずかしさ」はありません。すべて開けっ広げで生きている赤ちゃんは、常に思っていることと、実際にやっていることが一致しているから、「恥ずかしさ」を感じることがないのです。

ただ、「恥ずかしさ」を感じるということは、自分の心の声がちゃんと聴こえているという証《あかし》。「恥」は、心の叫びなのです。ですから、「恥ずかしい」と感じるときほど、「なぜ、恥ずかしいと思うのだろう？」と思い直すことが大切です。

どうでもいいことに、「恥ずかしさ」を感じることはありません。「こうしたい！」「こうでなければ」という思いが強いときほど、そうなっていない「恥ずかしさ」を強く感じるもの。つまり、あなたが特に「恥ずかしい」と感じるその先に、あなたの本当にしたいこと……、真の才能が隠れているのです。

Column

「22」は、宇宙的スケールを表す聖なる数字

数秘術では「1～9」の1桁の数字とは別に、「11」「22」「33」などの2桁のゾロ目の数字を「聖なる数字（マスターナンバー）」として、特別視しています。

中でも「22」は、「物質・肉体と大いなる霊性の融合」や「物事の完全成就」などを暗示する数として扱います。ヘブライ語が22文字だったことから、数秘術を生み出したユダヤ人たちは「22」という数字を「神の言葉」とし、神聖なものとして捉えています。またタロットカードも、そのベースとなるのは22枚。この22枚のカードによって、「宇宙の理」が読み解けると言われています。

「22」は、1桁ずつ足すと「4」になるため、「4」のもつ「四角、形にする、支配」という意味も含みますが、「22」のスケールは世界や地球を超えて、宇宙レベルに広がる広大深遠な影響力をもつ神聖な数字だと言えます。

第4章

すべての人間関係は、自分との絆を深めるための学び

28

優しさ

本当の「やさしさ」とは、「易し差」。
ニセモノの「やさしさ」は、差をつける「矢刺し差」になるだけ。

「やさしさ」は、異性に求める資質のトップクラスに位置づけられます。しかし、そもそも「やさしさ」って、何でしょう？「やさしさ」を辞書で調べると、「心温かく、思いやりがあること。または、穏やかでおとなしいこと」とありますが、それらは本当に「やさしい」ことなのでしょうか？

本当の「やさしさ」とは、「易し差」です。「差が平易になり、やがてなくなること」。「他人との差が、気にならなくなること」。言い換えれば、「いつも変わらず、同じである」こと。それが本当の「やさしさ」ではないでしょうか。穏やかで大人しいことも素晴らしい資質ですが、それは「やさしさ」を求める側が、自分の言うことを聞いてくれる人を求めているだけなのではありませんか？

相手によって、やさしくしたり、しなかったり。それはニセモノの「やさしさ」です。そんな「やさしさ」は、「易し差」とは全く別物の「矢刺し差」になるだけ。自分と相手との些細《ささい》な違いを見つけ、その差目がけて、グサリと矢を差し込む、いじめや差別につながるだけ。ことさら「やさしく」する必要はありません。誰に対しても、常に同じように接すれば、それで良いのです。

29

認める

「認める」とは、「見・止める」こと。
立ち止まって、ちゃんと見ないと、「認める」ことはできません。

人は誰でも自分のイヤな部分、ネガティブな側面を見たくありません。自分の中にそういう黒い部分があるのはわかっていても、顕在意識的には認めたくないのです。なので、見て見ぬフリをしてみたり、いい人アピールをしてみたり。

「認める」とは、「見・止める」こと。立ち止まって、ちゃんと見ないと、「認める」ことはできません。「立ち止まって、ちゃんと見る」こと自体、決して難しいことではありませんが、多くの人は無意識にそれを避けようとして、逃げ回ります。その根底には、自分の中の黒い部分を認めてしまうと、みんなに嫌われてしまうという恐れが隠れています。でも、本当にそうでしょうか？

誰にだって、黒い部分はあるのです。その黒い部分も含めて、まるごと自分なのです。それをちゃんと「認める」＝「見・止める」こと。自分の黒い部分を認められないと、結局、自分の白い部分、長所や才能も認めることができません。

自分のことを自分がまるごと認めないで、誰があなたのことを認めてくれるというのでしょう。勇気をもって、ちゃんと止まって、まずは今の自分をしっかり見る。他人を「認める」のは、それからで十分です。

30

傷つく

「傷つく」ことは、「気づく」こと。
傷ついた分だけ、人は大事なことに気づけるのです。

「傷つく」ことを恐れる必要はありません。心の傷は、心がさらに大きく脱皮しようとして、心の殻《から》を破るときにできる勲章《くんしょう》のようなもの。「傷つく」ことは、「気づく」ことです。傷ついた分だけ、心はさらに成長拡大し、人として本当に大事なことに気づけるようになるのです。

心が傷つくのは、小さな殻の中に閉じこもっている証拠なのです。

「あんな人だとは思わなかった」「こんなにがんばってきたのに」「こんなこと、絶対許せない」。あなたがそう思うのは自由ですが、それが絶対に正しいことなのか？あなたのとらえ方に問題はないのか？この出来事が未来から見て、どんな意味をもっているのか？など、本当のところは、誰にもわからないのです。

心が傷ついたということは、その出来事を通じて、あなたは何かに気づく必要があったのです。あなたの気づきを促すために、心は傷という痛みのサインを送ってくれているのです。そこに気づくことができれば、心の傷は自然に癒え、あなたの心はさらに大きく成長拡大していくのです。気づきとは、小さな悟り。傷つくことで、あなたはまた一歩、悟りの世界へ近づくことができるのです。

31

愚痴

クチが濁ると「グチ」になる。
「愚痴《ぐち》」は言うのも、聞くのも、互いに心が濁《にご》っていきます。

「イヤ」「ダメ」「うまくいかない」「つまらない」「しんどい」「疲れた」「だるい」「サイテー」「最悪」……。こうした「愚痴」を並べて読むだけで、気分が悪くなってきませんか？　「愚痴」はそれを発した本人はもちろん、聞かされた側の気分も悪くするので、確実に運を悪くする行為だと言えるでしょう。

自分が発した言葉に、最も影響を受けるのは、言葉を発した本人です。言葉は最も身近な創造的エネルギー。「愚痴」を言っている間は、また「愚痴」を言いたくなる現象が、次から次へと目の前に創造されてくるのは当然です。

あなたの心に湧く感情は、選ぶことはできません。嬉しいときは嬉しいし、悲しいときは悲しくなる。感情は理屈ではなく、湧き上がるものなので、マイナス感情を0にすることはできないし、する必要もありません。しかし……。

言葉は違います！　あなたの発する言葉は、あなたが意識的に選べるのです。

自分の口（クチ）から出る言葉を濁らせて、「愚痴（グチ）」にするのは、すべてあなたの責任です。「でも」や「だって」と、言い訳をしたくなる気持ちもわかりますが、その言い訳も人はまた、「愚痴」と呼ぶのですから。

32

恋愛

「恋」と「愛」は、似て非なるもの。

「下心」から始まるのが、「恋」。

「真ん中こころ＝まごころ」があるのが、「愛」。

誰かのことを好きになろうとがんばってみても、好きになれるものではありません。人を好きになれるのは、天から降ってくる、神からのサプライズ・プレゼント。まさに「落ちてから気づくのが、本当の恋」です。

ただ「亦（＝人）」の下に心と書いて、「恋」。恋した相手を「自分だけのものにしたい」というエゴ的な思い、「下心」があるから、「恋」は苦しくなるのです。「愛」という字の真ん中にある「心」。それを「真ん中こころ（＝まごころ）」と呼びます。「愛」は取引したり、約束したり、誓ったりするものではありません。本当の「愛」は無条件、無制限、無期限にただただ、自然に溢れ出すエネルギー。「永遠の愛を誓う」とか、「あなただけを愛する」とか、時間や対象が限られた条件付きの「愛」は残念ながら、真実の「愛」とは呼べません。

「恋」と「愛」。これはどちらが良い・悪いと優劣をつけるものではありません。「恋愛」とは全く違う、2つのエネルギーから成り立っていると知ることです。「恋」から始まり、それを次第に「愛」へと昇華させていくプロセスを、大切な人と分かち合う経験こそ、「恋愛」する意味、真の目的です。

33

家族

「命の入り江」である「家」を出てしまったら、
もう「家に属する人」＝「家族」ではありません。

新しい時代には、新しい時代に相応《ふさわ》しい家族のカタチが必要になります。「家族だから、仲良くすべき」「家族だから、一緒に暮らすべき」。それがどんなに「いいこと」のように見えても、「ねばならない」でするものではありません。「家族」の定義は、とってもシンプル。「家に属する人」のことを「家族」と呼びます。つまり、同じ家に暮らしているから、「家族」になる。同じ家に住むことがなくなれば、それはもうひとりの人間。もはや「家族」ではありません。

血のつながりがあるかどうか。血縁関係であるかどうかは、関係ありません。家は、「命の入り江」です。命が育つまでの準備期間、安心して過ごせる「入り江」のような場所を家と呼ぶのです。家が安心して過ごせない場合、それを「命の入り江」＝「家」とは呼べません。またその「命の入り江」＝「家」で、命がちゃんと育てば、いつかは「家」を巣立っていくのが自然の流れです。「家族」のカタチは無数にあるのですから、古いカタチにとらわれないこと。「家」を出たら、他人と同じ。関係性は等距離です。そこからは「家族」を超えて、同じひとりの人間同士、普通につき合えば、それでいいのです。

34

親

「木の上に立って、そばで見守る」のが、「親」。

「子宝」とは、「子どもの宝を親が一時的に預かる」こと。

「親」という漢字を分解すると、「木」の上に「立って」、そばで「見（守）る」と読めます。まさにそれが、「親」本来の役割を表しています。子どもから聞かれたら答えるけれど、必要以上の手出し、口出しは無用です。幼い子どもにとって、親は絶対です。だからと言って、親は神でも、絶対君主でもありません。あの世視点で診れば、親の基本ソフトは古く、子どものほうが圧倒的に新しいのです。親子とも、その事実をもっとちゃんと理解しておく必要があるでしょう。

子どもが生まれたとき、「子宝を授かる」という表現をしますが、それは本来、「子どもがもって生まれてきた宝を親が一時的に預かる」という意味なのです。

子どもの財運を親が一時的に預かるから、「子宝」に恵まれるというのです。

つまり、その宝は本来子どものモノであり、親は成長した子どもに預かっていた宝を返す責任もあるということ。さらに親になるということは、子どもから親として選ばれたということ。子どもはちゃんと自分の宝をもって、生まれてきているのですから、親が子どもの養育費を心配する必要はないのです。子どもという宝の成長をそばで見守らせていただくだけで、親としての報酬は十分です。

35

育つ

「育つ」は、「素立つ」。
その人の「素」の光が輝き出す（＝立つ）ことが、
本当に「育つ」ということ。

「育つ」とは、単に成長が進むとか、身体が大きくなるとか、年齢を重ねるということではありません。「育つ」は、「素立つ」。その人の「素」の部分が、「際立つ」こと。「立つ」とは、「発する」ということです。つまり、「素」の部分が強調され、クローズアップされて、表に出てきて、それが光輝くということです。「素直」なところ、「素晴らしい」ところ。あるがままで、その人らしい部分が、ストレートに表現できるようになり、その人が本来、もっている「素」の部分の光が内側から輝き出すことを「素・立つ」＝「育つ」と表現するのです。

あなたの子どもや周りの人、部下や後輩を育てたいと思うのなら、まずはあなた自身の「素」を「際立たせる」ことが必要です。あなた自身が、あなたらしく「素・立」っていないのに、あなたの子どもや周りの人、部下や後輩が「素・立つ」ワケはないのです。あなたが自分の「素」を出して、素直に「素晴らしい」ところを発揮して、素敵に「素・立てば」、周りの人の「素」も勝手に「立って」、輝き始めることになるのです。そのとき、あなたの子どもや周りの人も、あなたの元から立派に「巣・立つ」ことができるようになるでしょう。

36

信頼

信じて用いるのが、「信用」。信じて頼むのが、「信頼」。
信じて任せるのが、「信任」。相手をより信じているのは？

「信用」「信頼」「信任」、どれが本当に相手のことを信じているのでしょうか？

「信用」とは、過去の実績に基づいて、相手を信じて用いること。「信頼」とは、過去よりも未来の可能性に期待して、相手を信じて頼むこと。そして「信任」とは、「信用」と「信頼」の先にある、相手を信じて完全に任せることだと言われます。こう見ると、「信任」がいちばん相手のことを信じているようですが……。

「信じる」という文字は、「人」と「言」でできています。ただし、「他人の言うこと」を信じていては、「信用」も、「信頼」も、「信任」も成り立ちません。

自分と違う人を信じるのは、あくまで自分の都合に基づく期待であり、コントロールなので、いつか必ず裏切られることになるのです。だって、あなたとその人は違う人だから。100％あなたの思い通りに、動くことはあり得ません。

「信用」でも、「信頼」でも、「信任」でも、自分以外の他の人を信じている限り、うまくいきません。相手を信じるのではなく、相手を信じた自分を100％信じ切るのです。すると誰かへの「信用」も、「信頼」も、「信任」も必要なくなり、期待もコントロールも、裏切られることも、すべてなくなりますから。

Column

「33」は、観音菩薩に通じる スピリチュアルな数

私がまとめた「はづき数秘術」で、最も象徴的な数字が「33」。西暦の生年月日をひと桁ずつ足して、「33」になる人のことを「大きな変化を起こす人」=「大変人」として、今この時代に特別なお役目があると見なします。そんな「33」番さんは、計算上、主に1900年代後半にしか生まれてこず、何かと世間の注目を集めることになり、特にスピリチュアルな分野で活躍すると言われています。

古く法華経では観音菩薩が時と場に応じて姿を変えて、衆生を救いにやってくると言われ、その姿が「33」種あるのだそう。そこから三十三観音が生まれ、「西国三十三ケ所巡り」も生まれたとか。またそこから「富士山三十三回登拝、大願成就」などの信仰が派生したとも。こうして見ると日本でも「33」は、古くからスピリチュアルな数字として根づいていたワケで、それがまさに今この時代に、数秘「33」として開花したのかもしれません。

第5章

真の豊かさへとシフトする新しい時代の働き方

37

がんばる

「がんばる」「努力する」「必死になる」。

どれも楽しくなさそうですね。

「がんばる」とは、「我を張る」こと。自我（エゴ）を主張して、自分の思い通りに物事を押し通そうとするさまを表す言葉です。「努力」とは、奴隷《どれい》に対して力づくで言うことを聞かせて、支配・コントロールして、思い通りに操っている様子を表す言葉です。「必死」は文字通り、「必ず死ぬ」という方向に向かって、一直線に突き進んでいるという言葉。「がんばる」も、「努力」も、「必死」も、そこから明るく楽しい波動は感じられません。がんばって、努力して、必死になったその先に、明るい未来が本当に待っているのでしょうか。

あなたはがんばって、必死になって、努力するのは好きですか？　そんな自分が好きなら……、そうすることが楽しいのなら、それはそれでいいのです。

しかし、あなたが好きだからと言って、同じがんばりや努力を人に押しつけてはいけません。もし、そうしたくなるとしたら、それはあなた自身が無理して、がんばって、努力して、必死になっているからではありませんか？　途中が楽しくなくて、結果が楽しいハズはないのです。がんばって、必死に努力した先にあるのは、もっとがんばって、さらに必死に努力するという未来だけですよ。

38

働く

「働く」にも、「仕事」にも本来、「お金を稼ぐ」とか、「儲ける」という意味は含まれていません。

「働く」とは、「傍《はた》（そばにいる人）を楽に、楽しくさせる」こと。「仕事」とは、「事に仕える」「ひとつの事に仕えさせていただく」という意味に他なりません。それが日本人の働く意味であり、仕事の概念だったのです。

そもそも日本人には、オンとオフを分けて、バカンスのために働くという仕事観はありませんでした。日本人にとって「働く」ことも、「仕事」をすることも、本来楽しいもので、周りの喜びにつながるものだったのです。元々、お金は働くための目的ではありませんでした。成果のひとつとして、お金があったのです。

働く目的は、他にも「好きだから」「楽しいから」「喜ばれるから」「ただ、やりたいから」「頼まれごとだから」など、いろいろあります。「傍《はた》（そばにいる人）を楽に、楽しくさせる」という目的が達成できたとき、初めてお金という成果が……、さらにやりがいや達成感、充実感などの喜びが生まれるのです。お金ありきではなく、好きや楽しいや喜びのほうが先にあるのです。それがお金というエネルギーに自然に替わっていくのが、これからの時代に求められる、より適切な仕事観、「働く」意味や意義、目的になるのではないでしょうか。

39

成功

「テクニック（工）」と「パワー（力）」で、「成功」しても、
「幸せ」になれるとは限りません。

少し前まで、巷《ちまた》では「成功法則」や「成功哲学」など、いわゆる成功ノウハウものが流行っていました。「成功」の「功」の字は、「工」と「力」からなります。「工」はスキルやノウハウ、テクニックやテクノロジーを表し、「力」はパワーや権力を表します。つまり、テクニック（工）やパワー（力）を使って、自分の人生を思い通りに「成す」ことが、従来の「成功」だったと言えるでしょう。

それは「お金持ちになる」とか、「地位や名誉、美しい容姿や大きな家を手に入れる」など、目に見えるモノにこだわる、古いカタチの「成功」でした。

しかし、これからの新しい時代は、当然「成功」のカタチも変わります。今、多くの人が求めるのは、「幸せに成る」＝「成幸」です。幸せのカタチは、人それぞれ違います。一部の人しか手に入れられなかった「成功」の時代は終わり、はっきりとは目に見えなくても、それぞれが自分に合った幸せのカタチを見つけていくのが、これからの時代の新しい「成幸」スタイルです。「成幸」するためには、自分らしさを見つけ、それを発揮すること。ひとりひとり、それぞれの自分らしさが自然に輝くとき、誰もがみんな人生の「成幸」者となれるのです。

40

儲け

「儲け」は、「信者の質×数」で決まります。「信者」とは、あなたの言ったことを相手がどれだけ信じるかです。

「儲け」という字を分解すると、「信じる者」になります。「信じる者」＝「信者」であり、「儲け＝信者の質×数」という方程式が成り立ちます。あなたのことを信じてくれる者の数と質によって、「儲け」の大きさが決まります。より多くの人があなたの言うことを信じてくれれば、「儲け」が大きくなるのは当然です。

しかし、「儲け」を生み出すのは、「信者の数」だけではありません。「信者の質」とは、信じる深さです。たとえ、「信者の数」がひとりであっても、そのひとりがパートナーで、あなたのことをより深く、より強く信じてくれたなら、その人が仕事を通じて生み出す「儲け」は、あなたの「儲け」とイコールになります。

目の前にいるパートナーを、あなたの「信者」にできなくて、大きく「儲け」られるハズがないのです。あなたのパートナーがより多くの人に、より深い影響を与えられる人になれば、ふたりで生み出す「儲け」は、より大きくなります。

いずれにしても、まずはあなた自身が、自分自身をより深く信じ、あなたがあなた自身の信者になること。自分の言ったことをより深く、より強く信じること。それがあなたの人生に「儲け」をもたらす、最も確実な方法なのです。

41

商い

続けられることは才能です。飽きずに続ける。
それが「商（あきな）い」の基本、原点です。

「ビジネス（business）」の語源は、古代英語の「bisignisse」だという説も。この言葉は「care（ケア）」とか、「anxiety（心配事）」といった意味だったそう。

それが今では「ビジネス（business）」も、「busy（忙しい）」という意味合いのほうが強くなったように、日本語の「仕事」も、お金を稼ぐことやお金儲け優先になり、古来からの「商い」の精神を見失ってしまったように感じます。

「商い」は、「飽きない」です。そう！「飽きずに続けられる」ことこそ、「商い」の基本です。「飽きずに続けられる」こと自体、才能なのです。最初は苦手意識があり、嫌いだったかもしれませんが、続けていく内に面白くなっていくのが「商い」です。結局、「商い」が続けられるのは、やっぱりそれが好きだから。楽しいから、そこにワクワクがあるからこそ、飽きずに続けられるのです。

今は「好きを仕事に」する時代です。自分の「好き」がわからない人は、「続けること」「続けられること」に注目しましょう。続けられることは、それ自体が才能なのです。続けられるのは、その根底にちゃんと「好き」があるから。続けられることの中にある「好き」に気づけば、それが「商い」になるのです。

42

教える

「教える」は、「押し得る」。正しさを押しつけて、
報酬を得ること。それでは本当に大事なことは伝わりません。

私たちは当たり前のように、誰かに何かを「教える」ことはいいコトで、「教えてもらう」ことはありがたいことだと信じていますが、本当にそうでしょうか？「教える」という言葉の語源は、「押し得る」だと言う説も。教える側が教えてもらう側に対して、何かを「押し」つけて、その見返りとして、何らかの報酬を「得る」ことが、「教える」の語源だとしたら……。教える側が「押し」つけている何かとは、「正しさ」でしょう。教える側は、「これが正しい」「これはいいコト、正しいこと」だと信じて、「教える」のですが、それが「絶対的に正しい」とは言い切れません。少なくとも、自ら信じた正しさを疑うことなく「教える」ことは、正しさを「押しつけている」だけと言われても仕方ありません。

「教える」ことに対する報酬とは、教えた相手からの尊敬や羨望《せんぼう》だったり、先生という地位だったり、支配やコントロールというチカラかもしれません。

本当に大切なことは「教えて」伝わるのではなく、自ら気づくしかありません。学びの原点は、「まねる」こと。周りの人が勝手に、マネをしたくなるような生き方を貫くことこそ、「教える」者としての理想の姿ではないのでしょうか。

43

学ぶ

「学ぶ」ことは、「まねる」こと。「まねる」とは、「間・練る」。

「まねる」ことで「学び」が完成します。

人は「学ぶ」生き物です。それもただ、「学ぶ」のではなく、楽しく「学ぶ」ことができるのが、人の特徴です。「学ぶ」は、「まねる」から派生した言葉だと言われます。幼い子どもの成長の過程を見ていると、「学ぶ」ことは、「まねる」ことから始まりますが、ただ「まねている」だけでは、単なる猿まね。それは、「学び」の第1段階。「学び」の第2段階は、「間・練る」ことから始まるのです。「間・練る」とは、お手本とする親、兄弟姉妹、友人、先輩、上司、先生、師匠が携えている「間」を見ることから始まります。間とは、その人を成り立たせている時間と空間。時空の間＝「エネルギー」です。「まねる」相手がまとっているエネルギーを見て、その間のエネルギーを、時間をかけて練っていくことで「学び」が完成するのです。しかし、それは一朝一夕《いっちょういっせき》に成るものではありません。

時間をかけて、自分なりの創意工夫も施して、お手本がまとっている間のエネルギーを、じっくり練っていくのです。やがて、お手本としていた相手を超えて、自分の間で、自分のエネルギーを練れるようになったとき、初めて「学び」の第2段階である「間・練る」が完成することになるのです。

44

満足

「足が満ちる」と書いて、「満足」。

「足」を使って行動すれば、心も自然に満たされます。

お腹を満たすのが「満腹」なら、心を満たすのは「満心」と呼ぶのでは？

普通、心が満たされた状態のことを「満足」と呼びますが、ではなぜ、「満心」ではなく、「満足」と書くのでしょう？ それは心を満たすためには、必ず「足」、つまり行動が必要だと言うことを、この字は教えてくれているのです。

大地とつながる「足」は、私たちの行動を象徴する器官。つまり、行動することこそ、私たちがこの世で肉体をもって生きている証《あかし》だと言えるのです。

「満足」できるかどうかは、確かに心の問題ですが、心を「満足」させるためには心に働きかけるのではなく、「足」を働かせること。つまり、実際に足を使って、実践・行動してみることが、心の「満足」につながるのです。行動せずに、悩んでいるより、実際に行動を起こしてやるだけやったら、必ず何らかの結果が得られます。もちろん、結果のすべてが、「満足」できるものではないでしょうが、足を使って行動を起こさない限り、「満足」にたどり着くことはありません。

ベストを尽くし、やるだけやったら、結果はどうであれ、自分の心は満たされ、「満足」できるハズ。さて、あなたは今の人生に「満足」していますか？

45

決断

「決断」においては、「決める」ことより、
「断つ」ことのほうが、より大事。

「決断」を迫られたとき、人はどうしても「どっちをとるか」という発想になりがち。AとB、2つの選択肢があったとき、Aを選ぶ（とる）か、Bを選ぶ（とる）かで迷います。しかし、「決断」とは読んで字のごとく、「断つほうを決めること。「とる」ほうではなく、「断つ」ほうを決めるのが、真の「決断」の仕方です。「出すのが先。受け取るのは後」が、宇宙の法則です。手放す前に受け取ろう、何かを得よう、より良いものをとろうとするから、決められないし、うまくいかない。そうしたアタマで考える小賢しい計算や卑しい損得勘定が、「決断」を鈍らせることになるのです。「とる」より先に、「断つ」ほうを決めれば、残る選択肢は自ずと明確になります。退路を断てば、あとは先に進むしかありません。

そうやって覚悟を決めて一歩踏み出してみれば、AかBかの二択で考えていたときには見えていなかった、第3、第4の選択肢も見えてくるかもしれません。「決断」で迷ったときは、こう考えてみてください。「今の自分に不要なほう、未来の自分に合わないのは、どっちだろう?」と。すると今まで悩んでいたことがウソのように、すんなりと「決断」でき、新たな道が見えてくるハズです。

Column

数秘「44」が採用できない理由とは？

「はづき数秘術」では、２桁のゾロ目の数「11」「22」「33」を聖なる数字、マスターナンバーとして扱います。西暦の生年月日を１桁ずつ足して、マスターナンバーの数字になる人を「神の道を行く人」と見なすのですが、計算すると「44」になるケースも。「44はなぜ、マスターナンバー扱いしないの？」というご質問も時々、頂戴します。

答えはシンプル！　計算上、「44」になるのは1900年代後半生まれに限定され、しかも、かなりのレア度。「33」の数字を持ちながら、その特徴・才能を活かし切れていない人がまだ多い中、さらに生き方の難易度が上がる「44」に関しては、サンプル数が少な過ぎるため、正式に採用するには、時期尚早というところ。

今後、数秘「44」をもつ人の中から、アッと驚く偉業を成し遂げる「大超人」が多数、出現してくれば、新たなマスターナンバーとして、仲間入りをする可能性も。

第6章

人生が加速する氣・エネルギーのとらえ方

46

まじめ

「まじめ」は、「間閉め」。「まぬけ」は、「間抜け」。

奇蹟が起きやすいのは、「間」が抜けているほう。

「まじめ」は、「間閉め」。「まぬけ」は、「間抜け」。

「間」は果たして、「閉めた」ほうがいいのか、それとも「抜けている」ほうがいいのか。どちらだと思います？　「間」とは、「時間」と「空間」の両方を表す言葉。その「間」に、奇蹟やラッキー、最高の幸せもあれば、悪魔の誘惑や最悪の出来事も畳み込まれているのです。「まじめ」で間を閉めてしまうと、確かに最悪の出来事は回避できるかもしれませんが、その対極にある最高のラッキー、予想外の奇蹟にも出会うことはできなくなってしまうのです。

そこそこの人生を望むのなら、確かに「まじめ」に生きるのも悪くありません。しかし、波乱万丈、奇想天外、予想を超えるワクワク、エキサイティングな人生を望むのなら、「間」にゆとりをもたせた「間抜け」な生き方も悪くありません。

人智を超えた、驚くような現象や神業的な奇蹟はすべて、その「間」に潜んでいるのです。「まじめ」が良くて、「まぬけ」が悪いワケではありません。「安定」しているけど、つまらない人生」か、「不安定だけれど、面白い人生」か。「まじめな人生」と「まぬけな人生」。どちらを望むのかは、あなた次第です。

47

今

「命の間」が、「今」。時間と空間の両方が
畳み込まれている「間」は、「今」しかありません。

日本語の「間」は不思議な言葉です。「間」ひと文字で、時間も空間も表します。「間がピッタリ」だから、「間に合う」。「間がズレる」と、「間に合わない」。相手との「間がかみ合わない」と、「間がもたない」。「間延び」して、「間（魔）が差す」から、「間違える」。相手の「間」に「入る」から、「参り（間入り）ました」となる。過去にも未来にも「間」はなく、「ま（間）」があるのは、「今（いま）」だけ。「命の間」「生きている間」が、「今」。まさに、すべては「間」次第です。

「間」とは、エネルギーそのものです。時間という「間」も、空間という「間」も、その本質は同じ「間」というエネルギーだと、日本人はわかっていたのです。実際、時間と空間は分けることができません。時間を刻むためには、空間が必要で、空間のない真空では、時間は生まれないのです。

さらにその「間」も使い方次第で、ポジティブな「間（真）」にもなれば、ネガティブな「間（魔）」になることまで、私たちの先人はわかった上で、「間」という言葉を使っていたのです。「今」という「間」を意識しましょう。「間」というエネルギーを使いこなす時空は、まさに「今ここ」しかないのです。

48

書く

「書く」は、「火久」。「紙に書く」のは、「神に描（画）く」こと。
「書く」ことには、想像以上のパワーが宿ります。

話し言葉は、話した（＝放した・離した）途端、空間に放出され、やがて消えてゆきます。しかし、書いた文字は時代を超えて、いつまでも残ります。「書く」は、「火久」。「書く」ことで、「火」のように強いエネルギーが「久しく」残るのです。「紙に書く」ことは、「神に描く」こと。神に対して、自分のビジョンを描くことで、神と約束を交わしたことになるのです。

「紙に書く」という行為は、あなたがあなたの内側に居る神と約束を交わすことに他なりません。あなたが自分でペンをもち、自分の手で文字を書くとき、それはすべてあなたの内側に居る神との契約・約束事になるのです。ネガティブなことを書いても、ポジティブなことを書いても、あなたの内なる神は、「あなたの望みはそうなんですね」とすべて見通し、あなたが紙に描いたビジョンをそのまま受け入れて、そのビジョンの現実化に向けて動いてくれるのです。

ですから、何を書くのかも大事ですが、そこにどんなエネルギーを乗せて書くのかが、より大切です。あなたの内なる神と約束するようなつもりで、紙に手書きで文字を書く。まさにそれが、あなたと「神との契約書」になるのです。

49

絆

「絆」は、「氣・綱」。

見えない氣の綱で結ばれているのが、「絆」です。

人と人とを結ぶもの。今までは、家族を中心とした「血縁」、血のつながりがいちばんで、村単位で農作業をしていた時代は、同じ土地で生きている、「地縁」によるつながりも強かったでしょう。それが会社組織にとって代わられ、お金によるつながり＝「金縁」が、今いちばん影響力をもっているかもしれません。

これからは血縁、地縁、金縁を超えた、新しい時代に相応《ふさわ》しい、人と人とのつながりが求められることになるでしょう。それはいわゆるエネルギー的なつながりであり、人はそれを「絆」と呼ぶのです。「絆」とは、「氣・綱」。目に見えない「氣」というエネルギーの「綱」のことを「絆」と言います。

従来の血縁、地縁、金縁など、目に見えるものだけに縛られていた人間関係は、次のステージへ。これからは目には見えない気持ち、考え、思考、価値観、意識、波動などを優先して、氣のエネルギーでつながる「絆時代」に突入します。

誰とつながるのかは、あなたのエネルギー次第です。あなたがどんなエネルギーを出しているのかで、つながる人が決まり、その人との「絆」＝氣のエネルギー交流によって、あなたの人生はさらに加速していくことになるのです。

50

ツイてる・疲れた

「ツイてる」と「疲れた」はどちらも、
「何者かに憑依《ひょうい》されている」という同じ意味の言葉です。

「疲れた」とは、「何者かに取り憑《つ》かれた」という意味。何か気味悪いものに取り憑かれているから、ドッと「疲れる」のです。ビジネス現場の挨拶で、当たり前となっている「お疲れさま」。これは「あなたは得体のしれない何者かに憑依されてしまったようで、お気の毒に」という意味。「お疲れさま」は労いの言葉というより、「お前はすでに憑依されている」と、相手を憐れむ言葉なのです。

「ツイてる」という言葉も、単なる「ラッキー」ではなく、「何者かに取り憑かれている」ことを意味します。ただし、「ツイてる」のほうは、「何者かがツイて(＝憑依して)くださっていて、在り難い」＝「ラッキー」と解釈しているのです。

「疲れた」も、「ツイてる」も、「目には見えない何者かが憑依している」という点では全く同じ。その憑依している何者かをネガティブにとらえ、忌み嫌うと「疲れた」になり、ポジティブにとらえ、歓迎・感謝すると「ツイてる」になる。

あなたに憑依している何者かのことを「おかげさま」と言います。その「おかげさま」に対して謙虚に感謝するのか、それとも責任転嫁して文句を言うのかが、「ツイてる」と「疲れた」のどちらになるか、運命を分けることになるのです。

51

時間

「時」は「戸・氣」。「氣のエネルギーの戸」が
開いたり、閉じたりする「間」が、「時間」です。

「時」は、「戸・氣」です。「氣のエネルギーが出入りする戸（扉）」のことを「時（とき）」。その「氣のエネルギーの戸」が開いたり、閉じたりする「間」「瞬間」のことを「時《とき》の間《ま》」＝「時間」と呼ぶのです。

最新の物理学では、私たちの肉体をミクロの視点でみると、スカスカの空間だらけで、しかもそのスカスカの空間にあるモノ（原子やクオークレベル）も、常に点いたり消えたりと点滅をくり返しているのだそう。これって、まさに日本語の「時」「時間」の概念と、同じことを言っているのではないでしょうか。

誰もが同じ24時間を生きているワケではありません。私とあなたは、違う時間を生きています。それは私とあなたの氣のエネルギーの流れ方が違うから。

一般的に楽しい時間は早く過ぎ、つまらないときほど、時間が経つのが遅く感じるもの。自らの氣のエネルギーの扉の開け閉めを自分の意志でコントロールできれば、時間さえ支配できます。次から次へと新しい時の扉を開き、展開の早いワクワク時間を楽しく過ごしている人は、氣のエネルギーの流れがスムーズで、常に若々しく、年を取るヒマさえないのですから。

52

運動

「運動」の本来の目的は、「運を動かす」こと。
決して勝ち負けを争うだけのものではありません。

スポーツを日本語に訳すと、「運動」となります。しかし、スポーツと「運動」は、似て非なるもの。日本語の「運動」には、「勝敗を競う」とか、「娯楽として、楽しみを求める」などという意味は含まれていません。

日本語の「運動」本来の目的、それは文字通り「運を動かす」ことです。「自らの運氣を動かすためには、身体を動かすといい」「身体を動かせば、運氣も動いて、運も巡ってくる」ということを、「運動」という言葉は教えてくれているのです。身体を動かすことの真の目的は、運を動かすこと。まさにこれぞ、宇宙の真理です。この真理に照らし合わせれば、「勝敗を競って、相手と敵対する」とか、「相手の失敗を喜んだり、策を弄《ろう》して相手を陥れても勝つ」とか、「勝てばいい。一番（優勝、金メダル）以外には価値がない」という、発想になるハズがありません。そんな気持ちで「運動」をして、「運が動く」「良い運氣が巡ってくる」ワケがないのです。私たちもそろそろ、スポーツの意味を見直し、日本語由来の「運動」本来の目的に移行すべき時期なのかもしれません。

53

兆《きざ》し

何かが起こる前には、必ず「兆し」があります。
「兆し」は、「氣差し」。氣のエネルギーが先に動き、
その場にエネルギーが差し込むから、物事が動くのです。

1件の重大なトラブル・災害の裏には、29件の軽微なミス、そして300件のヒヤリ・ハットとする出来事が隠れているとする「ハインリッヒの法則」というものがあります。まさに、この「ヒヤリ・ハット」する出来事こそ、物事の前触れ、予兆であり、「兆し」だと言えるでしょう。

「兆し」は、「氣差し」です。物事が三次元的に見えるカタチに現れるより先に、必ず目に見えない「氣」のエネルギーが動いています。その場、その時間、何か物事が起きる前に、先にそこにエネルギーが差し込むのです。そこに差し込まれたエネルギーが、ある程度の時間を経て、目に見える現象となって現れるのです。

まず先に「エネルギーありき」です。エネルギーの大本は人の意志であり、意識です。人の意志と意識が、ある場所、ある時間に、エネルギーとなって注ぎ込まれるからこそ、すべての現象がカタチになって現れる。それが宇宙の法則です。

プラスか、マイナスか、そこにどんな氣のエネルギーを差し込むのかが、すべてです。そこに偶然はなく、すべて必然。あなたの「氣差し」が「兆し」となって、やがて望む現象が目に見えるカタチとなって、引き寄せられてくるのです。

54

おむすび

「おむすび」と「おにぎり」の違いとは？
「むすび（産霊）」と「にぎり（握り）」は、似て非なるもの。

「おむすび」と「おにぎり」を言霊的に解釈すると、「むすび」は、「内側に向かって集まるエネルギー」。「にぎり」は、「一体化するために強く丸める」となります。つまり、「おむすび」のほうは、目に見えないエネルギーを活用して、ひとつにつなげるということを表す精神面重視の言葉であり、「おにぎり」のほうは、バラバラなものをひとつにまとめるという、物質面重視の言葉だと言えます。

また神道では、「むすひ（び）」は「産霊《むすび》」と表し、「天地・万物を生み出す神霊」を意味します。「おむすび」は、自然信仰の強い日本人が山の神の恵みに感謝し、敬うために、ごはんを山に見立てて、三角に握ったものを指すという説も。「おむすび」という、ごはんの山の頂に、山の神が降臨します。両手を結ぶことによって天地がつながり、さらに人とごはんがひとつにつながり、結ばれるのです。

機械で握ったものを「おにぎり」と呼び、「おむすび」は、人の手で握られたものを言うという説もあるようですが、どれも考え方は同じ。結局、人の手から出るエネルギーが籠《こも》っているかどうか。日本人は感覚的に愛と調和、感謝のエネルギーが、より強く籠っているものを、「おむすび」と呼んでいるのです。

Column

「49」は、あの世とこの世を分ける時間の数

日本では「四」は「死」に通じ、「九」もまた「苦」に通じるため、おめでたい席などでは敬遠されがち。その「四」と「九」で成り立つ「49」は、不吉な数字なのでしょうか。

「49」と言えば、仏教の「四十九日法要」が思い出されます。仏教では、亡くなった方はあの世に行くと、七日ごとに生前の行いを裁く審判を受け、最後の四十九日目の審判で死後の行き先が決まるとされています。つまり四十九日までは、あの世とこの世を行き来しているということ。

1週間は7曜日。それを7度くり返すことで、あの世とこの世の時間軸が完全に分かれることを意味しています。

ちなみにこの世で、同じ場所で連続して49日間眠ると、その場所、その土地に根付くという説も。やはり「49」という数字は、あの世とこの世を分ける重要な時間軸、時間の分岐点を表しているのかもしれません。

第7章

ネガティブを受け入れ、輝きに変える方法

55

闇

自らの中にある「立つ日」＝「光」を
「門」という名の自我に閉じ込めると、「闇」になる。

「闇」という字は、「門」の中に、「音」があります。「音」は、「立つ日」と書きます。「立つ日」とは、「日（＝光）」が「立つ（＝発する）」様子を表します。つまり、「闇」とは「門」の中に、「光」が閉じ込められた状態を表しているのです。「音」とは「光」。「門」とは「自我」。自らの「光」を「門」という名の自我の中に閉じ込めると「闇」になります。本来、誰もが自らの内側に、「光」を宿しています。自らの本質である「光」を「門」という名の自我の中に閉じ込めた状態が「闇」だとすれば、肉体をもって生きている私たちは、誰もが「闇」を抱えて生きていると言えるでしょう。ですから、自らの中にある「闇」を忌み嫌ったり、ないように振る舞う必要はありません。誰の中にも「闇」はあります。その「闇」を恐れて、否定したり、隠そうとするから、ますます「闇」が色濃くなり、「闇」が「病み」になるのです。自らの「闇」をちゃんと認めて受け入れ、それを愛し、素直に表現してしまえば、「闇」はもう「闇」でなくなります。

そのとき、自我という名の「門」の中に閉じ込められていた「音」＝「光」が解き放たれ、あなたらしさが発光し、さらに輝き出すのです。

56

戦い

「戦い」に「あ」をつけると、「あたたかい」。

温かくなれば、人は戦うことができなくなります。

「戦い」とは、分離です。あなたが戦っていると思っている相手は、もうひとりのあなたなのです。あなた自身の内と外、本音と建前、思っていることとやっていることが分離しているから、常に誰かと、何かと「戦う」ことになるのです。

そんな不毛な「戦い」を止めるのは、実はカンタンです。温かくすれば、いいのです。「戦い（たたかい）」に「あ」をつければ、「あたたかい」になります。温かくなると、「戦い」の心が溶けていくのです。戦いの心が溶けていくことで、分離していた自分の心が、ひとつに溶け合い、統合することになるのです。

冷え切っていた身体を、たっぷりのお湯で満たされた湯船に沈めるとき、誰でも「あ〜〜」と声が出て、緊張がゆるみます。そのとき、分離していた「戦い」の心は消えてなくなり、今ここで統合されます。「あ〜〜」のひと言で、「戦い」の心が消えてなくなり、「温かい」心で満たされるのです。そのお風呂がもし、源泉かけ流しの温泉だとしたら……、それでも人は「戦い」の心を持ち続けることができるでしょうか？　日本全国に湧く温泉と、お風呂好きの習慣こそ、日本人が戦いを好まず、日本が大和の国と呼ばれる理由だと私は思うのです。

57

適当・いい加減

「適当」＝「的にちゃんと当たっている」。

「いい加減」＝「ちょうど良い加減」。それで人生、バッチリです。

「適当」だとか、「いい加減」だと言われて、喜ぶ人はあまりいないでしょう。

しかし、「適当」とは、「的にちゃんと（＝的確、適切）当たっている」という意味であり、「いい加減」とは、「ちょうど良い加減」＝「いい塩梅だ」という意味。

「的にちゃんと当たっている」「ちょうど良い加減」の、何が悪いのでしょうか？

「寸分の狂いもなく、キッチリしている」「過不足なく、完璧に整っている」ことが、本当に良いことなのでしょうか？　そうやって、どっちが良いとか、悪いとかをジャッジして、優劣をつけることが、本当に正しいのでしょうか？

もちろん、キッチリや完璧が求められる場合もあるでしょう。しかし、「適当」や「いい加減」で、うまくいくこともあるハズです。特に人間関係において、キッチリや完璧を求め過ぎると、お互い窮屈《きゅうくつ》になるだけです。それでは互いに幸せから遠ざかってしまうだけ。私もあなたも、不完全なままで完璧なのです。

人は「適当」「いい加減」ぐらいで、ちょうどいい。自分が「適当」で「いい加減」に生きていると、他人の「適当」や「いい加減」も許せるようになる。

「適当」で「いい加減」な人が増える世界は、きっともっと幸せになるハズ。

58

邪魔

「邪魔」は、「邪（よこしま）」な「魔（間）」。
それは勝手に「入る」ものではなく、
自分の意志で迎え「入れる」もの。

「邪魔」になったとか、「邪魔」されたとか、「邪魔」が入ったとか言いますが、「邪魔」は勝手に「成る」ものでも、向こうから勝手に「入る」ものでもありません。「邪魔」は、あなたが自分の意志で「成らせる」「入れる」ものなのです。

たとえば、先に予定が入っていた場合でも、あとで別の予定が入って、変更したり、キャンセルする場合があるでしょう。そのとき人は「予定が入った」と言いますが、それは違います。それは新たな予定が勝手に「入ってきた」のではなく、あなたが自分の意志で迎え「入れた」のです。先の予定より、後からきた予定のほうを、あなたが自分の意志で優先したのです。あとからきた予定のほうが、自分にとって重要であり、得だと判断したから、自分で予定を「入れた」のです。そうやって自らの損得勘定で判断し、自分都合で動くことを「邪（よこしま）な魔（間）」＝「邪魔」と呼ぶのです。時間も、空間も同じ「間」です。そこに優劣は全くありません。どの「間」を選ぶかは自分次第ですが、どんな相手に対しても、その「間」を邪険（＝優劣をつけて、軽くあしらうこと）に扱わなければ、「邪魔」が入る余地は、なくなります。

59

まさか

人生にある3つの坂。「登り坂」「下り坂」「まさか」。
「まさか」は、「真坂」と「魔坂」の分かれ道。

人生に必ずあると言われる、3つの坂。「登り坂」「下り坂」、そして「まさか」。

現代の日本人の平均寿命を考えると、年齢的、肉体的には45歳辺りが、「登り坂」から「下り坂」への分岐的かも？　しかし精神的な「登り坂」と「下り坂」は、本人の気持ち次第。それを分けるポイントが、「まさか」のときの過ごし方。

人生に想定外の「まさか！」は、つきもの。その「まさか」を真実に気づくための「真坂」にするのか、それとも魔が差したように、そこから人生が転落したり、堕落していく「魔坂」にしてしまうのかは、その人次第だと言えるでしょう。

「まさか」とは、顕在意識的には想定外であったしても、潜在意識的には想定内であり、まさにシナリオ通りのことが起きているだけ。その「まさか」がないと、本当に大事なことに気づけないから、「まさか」の事態が起きているのです。

「まさか」のときに、この仕組みに気づけた人は生涯現役で、精神的にはずっと「登り坂」が続くでしょうし、大事なことに気づけなかった人は、そこから一気に「下り坂」に突入することになるのかも。あなたの人生の「まさか」はいつ、どんなときでしたか？　その坂は、もちろん「真坂」でしたよね（笑）。

60

勘違い

「勘違い」は、「感知がいい」。

「感知するアンテナの精度が良い」から、

「勘違い」できるのです！

「勘違い」とは、一般的に「間違って思い込むこと。思い違い」のことを指す言葉で、あまり良いイメージがないと思います。しかし「勘」とは、いわゆる第六感のこと。目に見えるものを感知するのが五感なら、目に見えないものを感知するのが第六感ですから、五感と第六感とでは感知するものが違って、当然です。

五感で感じていることと、第六感で感じていることの違いを表すのが、「勘違い」という言葉に隠された真の意味です。「勘違い」できるのは、目に見えないものを第六感が感じているからこそ。それは目に見えない何かを感じ取るセンサーが敏感に働いている証拠。目に見えないものを感じ取る第六感の能力が高いからこそ、「勘違い」できるのです。そう！「勘違い」は、まさに「感知がいい」証拠です。「勘違い」を恐れてはいけません。「なんとなく」感じたことを、世間の常識や周りの人の目を気にして、なかったことにするのは、モッタイナイ。他の人と感じ方は違っていても、「私はそう感じる」で良いのです。過去の常識が通用しない、変化の激しいこの時代。結局、最後は「勘違い」し続けた「勘違い野郎」が、新たな時代を切り拓いていくことになるのです。

61

あきらめる

「あきらめる」とは、「明らかに認める」こと。
物事を途中で投げ出すことではありません。

一生懸命取り組んできた事柄が壁に当たり、どうしようもなくなって途方に暮れているときこそ、「あきらめる」ことが大切です。一般的には「あきらめず」に、さらにがんばることが尊いことのように思われていますが、それは迷子になっているにもかかわらず、ただ、やみ雲に歩き回っているのと同じです。

そんなときこそ、「あきらめる」＝「明らかに認める」ことが大切です。「認める」とは、「見・止める」。ちゃんと立ち止まって、しっかり見るということです。「あきらめる」と、力が抜けます。ひと息ついてリラックスすれば、周囲を見渡す余裕が生まれ、自らの状態を客観的に眺めることができるようになるのです。

あなたが今、執着している事柄をしっかり「あきらめて」みましょう。「これだけは手放せない、譲れない」と、「あきらめきれない」ものは何ですか？

何事もしっかりと握り過ぎていると、何を掴《つか》んでいるのかさえ、わからなくなります。立ち止まって深呼吸をし、手の平を開いて、自分の掴んでいるものを「明らかに認める」のです。「あきらめる」＝「明らかに認める」ことができたとき、はじめて、今まで気づかなかった、新しい可能性の扉が開くことになるのです。

62

後悔

自らの「後悔」を他の誰かに「公開」することで、
暗闇を進む「航海」に、希望の光が灯ります。

今ここで、どうしようもないことを、どうにかしようと考えることを「後悔」と言います。「後悔」とは、行き先も定めないまま、海図やコンパスももたず、ひとりで暗い夜の海に「航海」に出るようなもの。そんな無茶で無謀《むぼう》な「航海」に乗り出して、遭難せずに目的地に着くことを誰が信じられるでしょう。

もし今、あなたに「後悔」していることがあれば、その「後悔」を自分の胸の内にジッとしまっておくのではなく、自分以外の誰か、信頼できる相手に「公開」することをおススメします。「私は昔、こんなことをしてしまった。そのことをとても後悔しています」と。それはあなたにとって、とても勇気のいる行為かもしれませんが、あなたのことをよく知らない第三者にとっては、拍子抜けするぐらい普通で、当たり前のことかもしれません。

あなたの「後悔」は、ただあなたが握り締めているだけのこと。その不毛な「後悔＝航海」を終わらせるためには、「後悔」していることを思い切って「公開」するのです。「後悔」を「公開」してしまえば、海の向こうから明るい日が昇り、暗くて辛かった「航海」は、幸せと出会う明るい「幸会《こうかい》」へと変化するのです。

63

片づけ

「片づけ」とは、「カタをつける」こと。
あなたの心にカタがつけば、片づけは十分、おしまいです。

英語に「片づけ」に相当する言葉はありません。掃除は、「cleaning」。整理整頓は、「Tidy up」。収納は、「storage」と行為や動作により、使い分けられます。

日本語の「片づけ」とは、文字通り「カタをつける」こと。「カタをつける」とは、行為や動作の問題ではなく、精神的にスッキリさせるということです。あなたの心がスッキリ、カタつけば……、仮にお部屋の中の状況が変わっていなくても、日本語的には「片づけ」は十分、完了。それで、おしまいなのです。

物理的に散らかっている状態が、問題ではないのです。部屋の中が散らかっている状態を気にしている。その状態を良しとせず、モヤモヤしている。そうした心理状態に「カタをつける」ことこそ、「片づけ」の本質です。散らかっている部屋を物理的に片づけて、心がスッキリするのなら、もちろん、それでOK。

しかし、もしそれでもモヤモヤが晴れなければ、それは物理的に散らかっている部屋の状態の問題ではないのです。そこに気づくことこそ、「片づけ」の本質であり、重要ポイント。自分の気持ちにひとつずつ、カタをつけて生きていく。人生とはまさに、そんな心の「片づけ」の連続で成り立っているのです。

Column

「6.6.6」は「悪魔の数字」から、「弥勒の数字」へ

かつて全世界で大ヒットしたオカルト映画「オーメン」。「6.6.6」は「悪魔の数字」として、多くの人の脳裏に焼き付きました。しかし、これも「13」と同じく、マスコミを操る支配者層のネガティブキャンペーンだという説も。

数秘で診る「6」は、妊婦の数字と言われ、「愛と美」を表します。まさに悪魔とは、正反対のイメージです。

日本語読みをすると、「6」が３つで、「ミロク」になります。「ミロク」＝「弥勒」。弥勒菩薩とは、釈迦（しゃか）入滅後56億7000万年ののち、下界に下って仏となり、釈迦にかわって衆生を救済してくださるという在り難い菩薩さま。2000年代に入り、いよいよ「悪魔が支配していた時代」が過ぎ去り、「弥勒の時代」へと本格的に突入しつつあるのが、まさに今。弥勒の新時代を創り出すのは、「6.6.6」を「ミロク」と読み解ける、私たち日本人の役割なのかもしれません。

第8章

あの世の視点で読みとく命の仕組み

64

寿命

「寿命」とは、「命の寿ぎ《ことほ》」、お祝いです。
決して忌《い》むべきこと、悲しむべきことではありません。

人は事故や病気で、亡くなるのではありません。どんな人でも、どんな年齢で、どんな亡くなり方をしたとしても、それがその人にとっての「寿命」なのです。

「寿命」とは、「命の寿ぎ」「命のお祝い」という意味です。

この世で亡くなるということは、命の本質側の視点から見れば、悲しむべきことではなく、むしろ喜ばしいこと、祝い事になっているのかもしれません。

もし、すべての人が「寿命」で亡くなっているという見方を採用することができたとしたら、従来の死に対するとらえ方がガラッと変わることでしょう。もちろん、肉体をもってこの世で会えなくなる寂しさは変わりませんが、それでもすべての人が「寿命」で亡くなっているとしたら……。少なくとも、亡くなった故人の命が、そのことを祝い事として、ポジティブにとらえているのなら、残された側の痛みや悲しみも、少しは和らぐのではないでしょうか。

人の死亡率は、１００％。誰もいつか必ず亡くなります。すべての人に平等に、必ず訪れる命の終わり。それに目をつぶり、遠ざけようとするのか、それとも祝い事として、喜びと共に受け入れるのか、その選択権は私たちにあるのです。

65

息

あの世からこの世に「行って来て」、
あの世とこの世を「行き来」＝「息」することが、
「生きる」ということ。

赤ちゃんがオギャーと産声をあげるのは、肺の中に溜まっていた水を吐き出し、空気を取り込めるよう「息」をするため。臨終の際、最期はみんな、「息」を引き取って終わります。人生のいちばん最初と最後にする行為が、「息」。

「息」は、「行来」。「生きる」とは、「行って来る」こと。あの世から、この世に「行って来て」、この世で「息＝行来」をすることが、「生きる」ということ。

「息」は「行く」のが先で、「来る」のが後。あちらの世界から、こちらの世界に「行く」のです。そして、こちらの世界から、あちらの世界に帰って「来る」のです。あくまで、あちらの世界が主であり、こちらの世界は従。命の本籍はあちら側にあり、こちら側は出向先の、仮住まいのようなものなのです。

「息」も、まず「行く＝吐く」ことが大切。「息」を長く吐き切れば、それが「長い息＝長生き」につながり、「息」を吐かずに溜めておくと、「吐かない＝儚い」人生で終わります。いずれにしても「生きる」とは、あの世からこの世にやって来て見る、うたかたの夢。せっかく地球という夢の国に来たのですから、あちらの世界に帰るまで、長い息（＝長生き）を心がけ、イキイキ生きましょう。

66

命

「命」とは、「生きるチカラ」。

人を下から叩《たた》いて、目覚めさせてくれるチカラが、「命」です。

「命は何物にも代えられない」とか、「命以上に大事なものはない」とか言いますが、本当ですか？　あなたにとって、「命」とは何でしょう？

言霊《ことだま》的にみれば、「命（いのち）」とは、「生きるチカラ」と読み解けます。生きるための根源的なエネルギーを「命」と呼ぶのです。エネルギーですから、当然、目には見えません。その本質が目に見えないものなのに、「命を助ける」とか、「救う」とか、「生かす」とか、それは本当に良いこと、正しいことなの？

「命」という文字を分解すると、「人」の「下」に、「叩く」と読み取れます。

そう！　人という生き物を下から叩いて、スイッチを入れてくれる何かのことを、「命」と呼ぶのだと、この文字は教えてくれているのです。

「命」とは決して、目に見える肉体を主にしているのではありません。

今こそ、「命」に対するとらえ方を根本的に見直すタイミングです。「命」とは、目に見える肉体を動かしている、目に見えないエネルギーのほうを指す言葉。

「命」とは、エネルギーそのもの。ですから、肉体が止まったとしても、「命」が消えてなくなることはないのです。

67

宿命

誰にでも宿る4つの「命」。「宿命」「運命」「使命」「天命」。
それぞれの「命」の活かし方が、わかりますか?

人には、本来4つの「命」が宿っていると言われています。「宿命」「運命」「使命」「天命」の4つです。その4つの「命」を4つとも輝かせて生きることが、人として生まれてきた課題であり、今生でのチャレンジ目標です。

「宿命」とは、命にもともと宿っている基本データ。その肉体に生まれながらに備わっている標準装備のスペックであり、長所や特徴を表します。「運命」は、私の命が運ばれるプロセスを表します。人との出会いで、運命は大きく開花したり、転落したり、さまざまに変化します。「使命」とは、自分の命を人さまの喜びのために使っていただくことで、成し遂げられる人生の目標を表します。目標達成のためには、努力する必要もあるので、苦手分野と感じる人も。「天命」とは文字通り、天の神から選ばれし者にだけ、与えられる特別な命のお役目。ある意味、そこが人生のゴールであり、「命」のフィニッシュ地点です。

あなたは今、4つの「命」をどこまで活用できているでしょうか?「運命」に翻弄《ほんろう》されている?「使命」に挑戦しているところ?4つの「命」には、自分らしさを輝かせるヒントがたくさん隠れているのです。

68

誑《いつわ》る

「誑る」と書いて、「いつわる」と読みます。
「誕生日」って、「誑《いつわ》り」の「生まれた日」のこと?

「誕」という文字は、「言」と「延」。「言葉を延ばす」ということは、確かに「(事実よりも)おおげさに言う」「ウソをつく」という意味になるのもわかるような気が……。ではなぜ、「誕生日」という言葉は、「生まれた日」の上に、わざわざ「誕《いつわ》る」という文字をくっつけたのでしょうか?

私たちの魂の本籍は、あちらの世界。あちらの世界から、こちらの世界にやって来た日が、この世に「生まれた日」。それは「本当の世界」から、「いつわりの世界」に来た日だと言えるかもしれません。だから、本来は「生日(じょうび?)」でいいハズなのに、そこにわざわざ「誕(いつわり)」という文字をプラスすることによって、あちらの世界が本当で、こちらの世界は「ウソ」「いつわり」「フェイク」なんだよ〜と、この言葉は教えてくれているのかもしれません。

さらに「生まれた日」と書いて、「星」になります。生まれた日の数字に、あなたという「星」を輝かせるためのヒントが隠れています。数字は「数」ではなく、「(文)字」。数字を「文字」として読み解くための智慧《ちえ》「はづき数秘術」を活用すれば、「誕りの生まれた日」に隠された4つの命の暗号が読み解けます。

69

手当て

痛いところ、弱っているところに「手を当てる」ことこそ、
治療やケア、癒しの原点です。

幼い頃、お腹が痛くなったとき、お母さんがお腹に手を当ててくれた記憶はありませんか？　歯が痛くなったとき、ほっぺたに手を当てたりしていませんか？「手当て」とは、文字通り「手を当てる」こと。人は誰に教えられたワケでもなく、痛いところ、弱っているところに、自然に手を当てるもの。それは誰もが生まれながらにもつ能力であり、「手当て」こそ、治療やケア、癒しの原点です。

どんな人であっても、人の手からは、癒しのエネルギーが出ています。その癒しのエネルギーを意識的に活用することが、「ヒーリング（癒し）」であり、「ヒーリング」する人のことを「ヒーラー（癒し手）」と呼ぶのです。ただ、それは何も特別なことではなく、誰にでもできるごく普通で、日常的なことに過ぎません。「手当て」は、誰かにしてもらおうとするのではなく、自分ですれば良いのです。自分の不調な部分に、自分の手を当てる。それが、自分を癒すための「手当て」の原理原則です。その上で、あなたの目の前に弱っている人、困っている人がいれば、やさしくしてソッと手を当ててあげましょう。あなたがもらう「お手当て」も、会社があなたにやさしく手を当ててくれているものなのですから（笑）。

70

土

「地」とつながる場所が、「土」。「+」と「−」で「土」になる。
「土」には、プラス・マイナス、両方のエネルギーを中和して、
ニュートラルにする力があるのです。

今、流行りのアーシング。アーシングとは、裸足や素肌で地球の大地と直接つながり、不要なエネルギーを地球に返す（アースする）ことを言います。「土」は、「地（ち）＝大地・地球」と「つながる」「着く」場所のこと。土の上を裸足で歩くことによって、足の裏から不純な毒素や不要なエネルギーが「土」に還り、そして、必要なエネルギーが大地からチャージされ、エネルギー的にプラス・マイナス0の状態、つまり「元の氣」「元氣」になるという仕組みです。

「土」という文字は、「＋」と「－」でできています。「土」の中にはプラスのエネルギーも、マイナスのエネルギーも含まれているから、「土」の上では、過剰になっているネガティブなエネルギーは取り除かれ、不足しているポジティブなエネルギーがチャージされ、両方のエネルギーがバランスよく中和され、ちょうど真ん中、ニュートラルな状態にエネルギーが整うことになるのです。

今、多くの人がキャンプやアウトドアに惹かれるのも、こうした「土」がもつ浄化作用とニュートラル効果を感じ取っているからでしょう。あなたも意識的に「土」に触れることで、生活にアーシング効果を取り入れてみませんか？

71

人

人（ヒト）は、「光」の「戸」。
「光」のエネルギーが出入りするための「扉」として、
「人（ヒト）」は生まれてきたのです。

「ヒ」は、「火」「日」「光」を表します。「ト」は、「戸」「扉」「止まる」を表します。つまり、「人（ヒト）」とは、「火（日・光）のエネルギーを止めてできたもの」という意味であり、「日（太陽）のエネルギーの通り道」であり、「光が出入りする扉」という役割を担っていると言えるでしょう。

物理学的なミクロの視点でみれば、私たちの肉体の原材料は、光なのだそう。原子レベルより、さらに細かい素粒子レベルでみると、私たちの肉体はスカスカの状態で、そのスカスカの中を光のエネルギーが通り抜けている。光のエネルギーが点いたり、消えたり、点滅している状態になるのだとか。まさに光のエネルギーが一瞬、止まったように見えたとき、物理的な肉体が現れ、私たちは「ヒト」になるのです。光のエネルギーが肉体をまとったように見えている状態が、「人（ヒト）」だということ。私たちも今一度、「ヒト」としての原点に立ち返り、自らが「光の戸（扉）」「光の通り道」であることを認識すべきときかもしれません。

他人と関わるということは、光のやりとり、光のエネルギー交流をすること。他人から光を奪う行為は、まさに「人でなし」となるだけなので、要注意です。

72

命日

「死んだ日」なのに、「命日」。「死ぬ前」のことなのに、「生前」。

あの世とこの世、メインはどちら?

人が亡くなった日のことを「命日」と言います。命が途絶えた日なのに、なぜ、「命日」なのでしょう？　むしろ、「亡くなった日」で「亡日」とか、「死んだ日」で「死日」などのほうが、意味としては適当ではないでしょうか。

お葬式などで、「生前は大変お世話になりました」と挨拶したりしますが、こちらもよく考えると、亡くなる前のことを言っているワケですから、「亡前」や「死前」のほうが、適当なハズなのに……。結局、「命日」も、「生前」という言葉も、どちらもこの世ではなく、あの世主体で、あの世から見た言葉なのです。あの世に命が戻って来る、命が還《かえ》って来る日だから、「命日」。あの世側に再び、生まれて還って来る前のことだから、「生前」と言うのです。

人生という長いお勤め期間が終わって、晴れて命のふるさとである、あの世に還る。その記念すべき日が、「命日」です。それをこの世側から見れば、亡くなるということになるのですが、「命日」「生前」という言葉を使っている限り、私たちも心のどこかで、命のふるさと、本籍地はこの世ではなく、あの世だとわかっているハズ。懐かしい我が家に還るその日まで、この世を楽しみ尽くしましょう。

Column

「3.5.8」は、本当にラッキーナンバーなのか？

最近、「3.5.8」という車のナンバーをよく見かけませんか？　実際、ある土地では、この「3.5.8」というナンバーが大人気で、抽選になっているのだとか。「3.5.8」をつけると、幸運が舞い込むとか、車の燃費がよくなるとか言われているようですが、はっきりとしたことはわかりません。

この「3.5.8」という数字、数秘術的に診てみると、どれも「陽」のエネルギーをもつ、パワフルに拡大する数字として分類されます。確かに動き回る車のナンバーとしてはピッタリで、どちらかと言えば、ビジネス使用の営業車向きのナンバーと言えるでしょう。

ただし、どの数字にもポジティブ面とネガティブ面の両方があり、「3.5.8」も「落ち着きがない」「無駄な動きが多い」「忙しくなり過ぎ」などの、ネガティブ面も抱えています。結局、ただつけているだけで、幸運が転がり込んでくるラッキーナンバーなんて、ないのかもしれませんね。

第9章

波動がグンと上がる幸せな生き方

73

奇蹟

起きたあとに気づくのが、「奇跡」。
自らの責任で起こすのが、「奇蹟」。
奇蹟と変化を起こす人が、「奇人・変人」。

「奇跡」とは、普通では在り得ないような奇妙な現象が起きたあとで、その奇妙な現象が残した足跡に気づくこと。一方「奇蹟」は、自らの責任で足を使って行動し、普通では在り得ないような現象を自らの意志で起こすことを言います。

前者は棚ぼたを期待する他人任せの受け身の姿勢であり、後者は自らの責任と行動で、無限の可能性を切り拓《ひら》いていく能動的な姿勢を指しており、同じ「キセキ」でも、そのとらえ方は似て非なるもの。どちらが「キセキ」と呼ばれる現象をより引き寄せやすくなるのかは、きっと誰でもわかるでしょう。

また「奇人」とは「奇をてらっている人」を指すだけでなく、「奇蹟を起こす人」のこと。「奇をてらっている」からこそ、常人には成し遂げられない、奇蹟的な現象を起こすことが可能になるのです。同様に「変人」とは、「変な人」「変わった人」という意味だけではなく、「変化を起こす人」のこと。「変人」と呼ばれる「変わった人」でなければ、常識的な世界に「変化を起こす」ことはできません。

変化の激しい今の時代、ただ「奇跡」を待つのではなく、自ら「奇蹟を起こす奇人」や「変化を起こす変人」こそが、求められているのです。

74

涙

「サンズイ」に「戻る」と書いて、「涙」。

「涙」を流せば、命の源である「母なる海」に戻れます。

「涙」を分解すると、「サンズイ」と「戻る」になります。「サンズイ」は「水」であり、「海」の象徴。私たちの身体の約7割は水でできており、あらゆる生命は、「母なる海」から生まれてきました。水も海も、命の原点、源です。私たちは「涙」を流すことで、命の源である水や海とひとつになれるのです。

人の一生は「涙」に始まり、「涙」で終わります。悲しいときに流す「涙」も、嬉しいときにこぼれ落ちる「涙」も、感動で溢れる「涙」も、命の源である水や海とひとつになった証《あかし》です。「涙」を流せるということは、水とひとつになり、海とひとつになり、命の原点に立ち戻ったというサインなのです。

「涙」を我慢する必要はありません。「涙」が流せるということは、大いなる存在からの恩恵・ギフトなのです。「大きな戸」を開いて、「戻る」のです。そこにはいつも、大いなる存在が待ってくれているのです。泣きたいときは、まるで幼子のように、手放しで思い切り、「涙」が枯れるまで、泣けるだけ泣けばいいのです。「涙」を流せば、すべてがリセットされ、私たちの命の大本であるひとつの源……、大いなる存在の元へと戻ることができるのですから。

75

幸せ

「幸せ」とは、「成し合わせ」。

お互いが相手のことを思いやることで、「幸せ」になれるのです。

人が亡くなったあと、二つの世界に分かれるらしい。そこには丸テーブルが置かれていて、美味しい食べ物がたくさん並べられています。そのテーブルには、長さが1メートルを超えるような、とても長い箸が置かれているのだとか。一方の世界では、その長い箸を使って、なんとか自分の口に食べ物を入れようと、誰もが必死にもがいている。もう一方は、その長い箸を使って、テーブルの向こう側に座っている人の口に、食べ物を運んであげて、笑顔で微笑み合っている。

前者の世界を地獄と言い、後者の世界を天国と言うらしい。前者も後者も、置かれている環境は全く同じ。にもかかわらず、前者は争いが絶えず、飢えも満たされない不幸な世界。後者は誰もが満たされた笑顔で、穏やかに生きている幸せな世界。不幸と幸せを分けるのは、置かれた環境ではなく、それぞれの思いや考え方、行動によるもの。相手のために何ができるのかを考え、相手を思いやり、相手を喜ばせることが、自分の喜びになる世界。お互いが「成し合わせる」意識で生きる世界が、幸せな世界を創るのです。結局、周りの人にとって喜ばれる存在になることこそ、「幸せ」に生きるコツ、そのものなのかもしれません。

76

観光

「観光」とは、「光を観る」こと。
光の目で観れば、何を見ても、すべてが「観光」となるのです。

「観光」とは読んで字のごとく、「光を観る」ことが目的です。美しい景色やその土地ならではの旬の食べ物、荘厳な神社仏閣なども確かに「光」を放っていますが、それをただ見に行く、体験するだけでは真の「観光」とは呼べません。

そうした「光」を放っている場所に行く本当の目的は、自分の中にある「同じ光」に気づくため。あなた自身が内側から「光」を放ち、「光の目」を携えて周りを見ることができれば、この世に存在するすべての場所、すべての人やモノが、「光」を放っていることに気づけるハズ。単に物見遊山に出かけるのではなく、そうした「光の目」を養うために出かけるのが、真の「観光」の目的です。

実は私たち地球人は、地球という星に「光を観る」ために訪れた、宇宙からの観光客なのです。地球という星の光を際立たせているのは、地球にある闇の部分。「光と闇」のコントラストが、宇宙の中でも特に際立っているのが、地球という星の特徴です。私たちは全宇宙から、わざわざ闇がたくさん存在する地球という星で、どれだけ「光を観る」ことができるのか。どれだけ「光の目」を養うことができるのかを体験しにきている宇宙からの「観光」客に他ならないのです。

77

面白い

「面白い」とは、「面（顔）が白く輝いている」様子を表す言葉。
神さまはそんな「面白い」人がお好きらしい。

ある神官さんに、こんな質問をしてみました。「神さまはどんな人がお好きなのでしょうか？」「神さまに愛される人の傾向はありますか？」と。それに対して、その神官さんからは、「神さまは面白い方がお好きです」とのお答えが……。

神は信心深い方でも、善行をする方でもなく、面白い人がお好きなのだとか。「面白い」とは、「面（顔）が白く輝いている」様子を表す言葉。いつもニコニコ笑顔で、明るく軽く、ワクワク生きている。神は、そんな「面白い人」がお好きらしい。真面目に、律義に人のために生きるのも悪くありませんが、ポイントはどんな生き方をしているかではなく、自分の生き方、人生を面白がっているかどうかです。そこに神に愛され、応援されるポイントがあるのです。

どんなに良い行いをしていても、眉間《みけん》にシワを寄せて、難しい顔をしていては、神から愛されることはありません。大事なのは何をするかではなく、どう生きるか。神に愛されるためには、「面白い人」になればいい。「面白い人」になるためには、「面白い」ことをして、「面白い」生き方をすればいい。自分の人生を面白がって生きるとき、神からのギフトが降り注ぐことになるのです。

78

魂

「身体」は、「殻（から）魂（たま）」。

「亡骸《なきがら》」は、「無（な）き殻（から）」。

主役は、魂。身体は、その容れ物です。

この「身体」が自分だと思っているとしたら、それは勘違いです。「私」という本体が、「身体」という容れ物に入っている……。「身体」というボディスーツを被って、この世に生まれてきたというのが真理です。「身体」という容れ物に入っている、「私」という名の本体のことを、別名「魂」と呼びます。

「身体（からだ）」は、「からだま」です。「魂」という本体が入るための「殻」という意味です。亡くなった人のご遺体を「亡骸（なきがら）」と言いますが、これは「魂」という主が居なくなってしまった「抜け殻」という意味の言葉です。「身体」にしても、「亡骸」にしても、言っていることは同じ。どちらも「魂」が本体で、「身体」はその容れ物に過ぎないということを明確に表しています。

私たちはもうそろそろ、このシンプルな仕組みに気づいてもいい頃です。セミの本体が脱ぎ捨てた抜け殻には、何のチカラもありません。「亡骸」の周りを囲んで涙を流したり、悲しむのも悪くありませんが、それはセミの抜け殻を、まるで宝物のように丁寧に扱っているのと同じこと。「身体」は「魂」が、この世で活動するために必要な道具（ツール）。それ以上でも、それ以下でもありません。

79

許す

「許す」ことは、「ゆるむ」こと。

「ゆるんだ人」は、「ほどけた人」。

「ほどけた人」が、「仏さま」となるのです。

誰か特定の相手を「許せない」でいて、最も損をするのは、他ならぬあなた自身です。あなたが相手のことをどんなに「許せない」と思っていても、相手があなたに対して、「許して欲しい」と考えているかどうかは、わかりません。相手はあなたのことなんか、とっくに忘れて呑気《のんき》に暮らしていたとしても、あなたが「許せない」と思っている限り、あなたは相手に縛られたままなのです。

「許す」ことは、「ゆるむ」ことです。あなたが自分で自分を縛っている「許せない」という名のヒモをゆるめてしまえばいいのです。ドンドンゆるんで、自分を縛るものがなくなってしまった人のことを「ほどけた人」＝「仏さま」と呼ぶのです。肉体的に縛れなくなるため、亡くなった人のことを「仏さま」と呼ぶのですが、「仏さま」になるために、亡くなるまで待つ必要はありません。

あなたを縛っている「ねばならない」という名のヒモを自分でほどいてしまえば、その瞬間、あなたは生きながら「仏さま」になれるのです。相手を「許す」ことで、最も得をするのは、あなた自身。相手を許し、すべてを許し、「ねばならない」の縛りを解いて、自ら得をすることが、徳を積むことにもなるのです。

80

楽しい

「た」＝「手」。「のす」＝「伸ばす」。
「手を伸ばして、踊っているとき」こそ、
まさに「楽しい」とき！

「楽しい」という言葉の語源は、「た」＝「手」。「のす」＝「伸ばす」。つまり「手を伸ばして喜んでいる様子」を「楽しい」という言葉で表したという説があるそうです。確かに楽しいとき、腕を組んでいる人はいません。楽しいとき、腕をダランと下に垂らしている人も見たことがありません。楽しいとき、人は手を動かし、上（天）に向かって、自然に手を伸ばすのです。なぜなら、その「楽しさ」は、上から降ってきたものだから。「楽しさ」を与えてくれたのは、空の上にいるお天道さま、神や宇宙だと、潜在意識でわかっているからこそ、私たちは楽しいとき、思わず天に向かって、手を伸ばしてしまうのです。

それは天から降ってくる「楽しさ」をもっと、受け取りたいから……。「楽しさ」の元である天に近づきたいという無意識の願望の表れだと言えるでしょう。だとすれば、楽しいことが何もなくても、手を天に向かって伸ばすだけで、楽しさが引き寄せられてくるかもしれません。「天（空）に向かって、手を伸ばす」ことこそ、祈りの原型。それが「楽しさ」を引き寄せる、シンプルなコツ。私たちは最初から、「楽しさ」の元が空にあることを知っていたのかもしれません。

81

導き

「導き」は、「満ち引き」。満ちたり欠けたりしながら、宇宙はちゃんと「道を引いて（＝導いて）」くれています。

潮の満ち引きや月の満ち欠け、天体の動き。人の息や心臓の鼓動も。日々の気温やお天気、四季の移ろいも。景気の動向、流行やトレンドも。常に上がったり、下がったりをくり返しながら、波動と呼ばれる波の動きを元に循環しています。

こうした宇宙全体の波動を司っている存在のことを神、創造主と呼ぶのです。それらが私たちのことを「導き」＝「道・引き」してくださっているのです。だから宇宙のリズム、その波動に合わせて生きれば、ちゃんとうまくいくのです。「導き」とは、「満ち引き」です。「満ちる」こともあれば、「引く」こともある。「上がる」こともあれば、「下がる」こともある。満ち続けることもなければ、引き続けることもない。上がり続けることも、下がり続けることもない。すべては波の動きと同調して、満ちたり、引いたりを常にくり返しているのです。

ですから、「満ち引き」に一喜一憂しないこと。上がるが良くて、下がるが悪いワケではないのです。「満ち引き」の循環も、宇宙の「導き」です。あなたの道も宇宙が道を引き、ちゃんと「導いて」くれているのです。だから安心して、あなたはあなたの道を真っすぐ歩けば、それで良いのです。

Column

人生は9×9の81年で完結する!?

「9」は、最後の数字にして最大数。その「9」がさらに9つ重なると、9×9＝81。これは、「完全完結・完全調和」を表します。人生のシナリオは、この81年で完結するというコンセプトに基づいて、私がまとめたのが、「はづき数秘術」の「ライフフローチャート（人生周期表）」です。詳細は、拙著『ゼロからマスターする数秘術』に譲りますが、現在の日本人の平均寿命と照らし合わせても、ほぼ符合するハズ。

人間の寿命はそもそも81歳くらいまでに設定されていたのでは？　それが医学や科学の進歩によって、大半の人がその最大周期を超えて、生きられるようになってきた。これは明らかに人類が、従来とは違うステージに突入したことを表します。81年という完全完結のステージを超えて、私たち人類の向かう先はディセンション（次元下降）か、それともアセンション（次元上昇）なのか。さて、どっち？

おわりに

「考える」ことは、「神・還る」。
「考える」ことを突き詰めていくと、
必ず「神」に還っていくのです。

私はずっと「本当のこと」について、考えています。こうして本を書くのも、「本当のこと」を知りたいからであり、「この世の本当の仕組み」「本当に大事なこと」「本質的なこと」についてずっと考え、今も考え続けています。

何かひとつのことについて、真剣に考えれば考えるほど、最終的には本質的なものに行き当たります。本質的なことに突き当たらないのは、考え方が浅いからだと思うのです。どんな小さなことであっても、突き詰めていけばいくほど、

「われ思う、ゆえにわれ在り」的な、哲学的なところに行き当たらざるを得なくなると、私は思います。どこから入ってもかまいませんし、どんな些細《ささい》なことであってもかまいません。それがどんな「考え」であっても、すべての「考え」は、「神・還る」。最終最後は、「神」にたどり着くのだと、私は思います。

もうそろそろ、こうした目に見えない世界のことについて「考える」ことを、宗教だとか、オカルトだとか、揶揄《やゆ》することから卒業しませんか？

今はもう、そんな時代ではありません。最先端の物理学や量子力学は、目に見えない世界のことばかり研究しているそうです。今までオカルトや迷信、気のせいや偶然で片づけられていたものが、最新の科学では再現性や法則性がちゃんとあることが証明されてきているのです。

ぜひ、その事実に注目して欲しいと思います。それは彼ら科学者が考えて考えて、考え抜いたからこそ、到達できた結果であり、ここでもやはり「考え」の先に、「神」の存在があったことが科学的にも証明されつつあるのです。

私たちは「神に還《かえ》る」ために、一生懸命、考えるのだと思うのです。
少なくとも本書を手に取っていただいた「あなた」は、きっと「考える」ことが好きなハズ。そうでなければ、本書と出会うこともないでしょうし、「考える」ことが好きな「あなた」は本質的なことに興味があり、さらにその奥には目に見えない世界への憧れがあり、「本当のことを知りたい」「本当のことを知って、元居た神の元に還りたい」という密かな欲求があるのではないでしょうか？
そう……、まさに今の私と同じように（笑）。

本書が、そうした「あなた」の知的好奇心をくすぐり、「本当のこと」に気づくためのキッカケや手がかり、ヒントとなり、「あなた」がさらに思い通りの人生を送るためのサポートとなれば、著者として、これ以上の喜びはありません。

はづき虹映　拝

はづき虹映

作家。「はづき数秘術」創始者。1995年の阪神・淡路大震災をキッカケに、「目に見えない世界」の探究に目覚める。その過程で出会った、古代ユダヤの智慧である「カバラ数秘術」をもとに、大胆な発想で独自の編集を加えた「はづき数秘術」を確立。現在は「数秘術」における日本の第一人者として、この智慧の普及に努めると共に、多岐にわたるジャンルで著作を出し続けている。『ゼロからマスターする数秘術』『自分を知り、未来をひらく 数秘オラクルカード』（河出書房新社）、『366日誕生日全書』（世界文化社）、『不惑心』（サンマーク出版）、『感動の神社参り』（光文社）など、著作は95冊以上、累計220万部を超えるミリオンセラー作家でもある（2023年2月現在）。

毎日に奇蹟を起こす

魔法の言霊《ことだま》

2023年５月20日　初版印刷
2023年５月30日　初版発行

著　　　者　はづき虹映
発　行　者　小野寺優
発　行　所　株式会社河出書房新社
〒151-0051 東京都渋谷区千駄ヶ谷2-32-2
☎03-3404-1201［営業］　☎03-3404-8611［編集］
https://www.kawade.co.jp/

ブックデザイン　轡田昭彦+坪井朋子
本文イラスト　石坂しづか
印刷・製本　図書印刷株式会社

Printed in Japan
ISBN978-4-309-29290-8